Ivan Kouchnir

Économie du Maroc

Série "Economie dans les pays"

première publication: 2020
dernière mise à jour: 2021-01-21

Ivan Kouchnir. Économie du Maroc. Série "Economie dans les pays". - 2020. - 74 pages.

Ce livre sur l'économie du Maroc des années 1970 aux années 2010. Données source provenant de UN Data.

Taille. Dans les années 2010, le PIB du Maroc s'élevait à 106,2 milliards de dollars par an; la valeur de l'agriculture était de 13,2 milliards de dollars; la valeur de l'industrie était de 21,8 milliards de dollars. Comme la part dans le monde était comprise entre 0,1% et 1%, le pays est classé en tant que dans l'économie moyenne.

Productivité. Dans les années 2010, le produit intérieur brut par habitant était de 3 085,0 dollars; l'agriculture par habitant était de 384,5 dollars; l'industrie par habitant était de 632,6 dollars. Étant donné que la productivité est inférieure à la moyenne inférieure à la moyenne, l'économie est classée comme moins développée.

Croissance. Dans les années 2010, la croissance du produit intérieur brut était de 4,3%; la croissance de l'agriculture était de 2,0%; la croissance de l'industrie était de 5,5%.

Structure. Dans les années 2010, l'économie du Maroc était composée des secteurs suivants: industrie (26,4%), services (24,4%), agriculture (20,2%), commerce (17,4%), construction (6,0%), transport (5,7%).

Exportation et importation. Dans les années 2010, les importations étaient supérieures de 31,8% aux exportations, les importations nettes représentant 11,3% du PIB. La structure technologique des exportations n'est pas meilleure que la structure des importations.

Consommation et reproduction. L'attitude de la reproduction à l'égard de la consommation est meilleure que la moyenne mondiale, de sorte que la part du PIB dans le monde augmentera.

Série "Economie dans les pays": parallel.page.link/fr

© Ivan Kouchnir, 2020

Tous les droits sont réservés.

ISBN: 9798614139308

Contenu

Partie I. Taille	4
Chapitre I. Produit intérieur brut	5
Chapitre II. Valeur ajoutée	9
Chapitre III. Revenu national brut	13
Partie II. Structure	17
Chapitre IV. Agriculture	18
Chapitre V. Industrie	22
Chapitre 5.1. Fabrication	26
Chapitre VI. Construction	31
Chapitre VII. Transport	35
Chapitre VIII. Commerce	39
Chapitre IX. Services	43
Partie III. Relations extérieures	47
Chapitre X. Exportations	48
Chapitre XI. Importations	53
Partie IV. Consommation	58
Chapitre XII. Dépenses publiques	59
Chapitre XIII. Dépenses ménagères	63
Chapitre XIV. Consommation de nourriture	67
Partie V. Reproduction	70
Chapitre XV. Formation de capital fixe	71

Partie I. Taille

	Les années 2010
PIB	106,2 milliards de dollars
Partager dans le monde	0,14%
Partager en Afrique	4,6%
Partager en Afrique du Nord	14,9%

Chapitre I. Produit intérieur brut

Le produit intérieur brut du Maroc est passé de 10,1 milliards de dollars par an dans les années 1970 à 106,2 milliards de dollars par an dans les années 2010, c'est-à-dire 96,1 milliards de dollars ou de 10,5 fois. La variation a été de 55,6 milliards de dollars en raison de l'augmentation de 2,1 fois des prix, et de 30,9 milliards de dollars en raison de la croissance de productivité de 2,6 fois, et de 9,6 milliards de dollars en raison de la croissance démographique. La croissance annuelle moyenne du produit intérieur brut était de 4,2%. La valeur minimale était de 4,6 milliards de dollars en 1970. La valeur maximale était de 119,7 milliards de dollars en 2019.

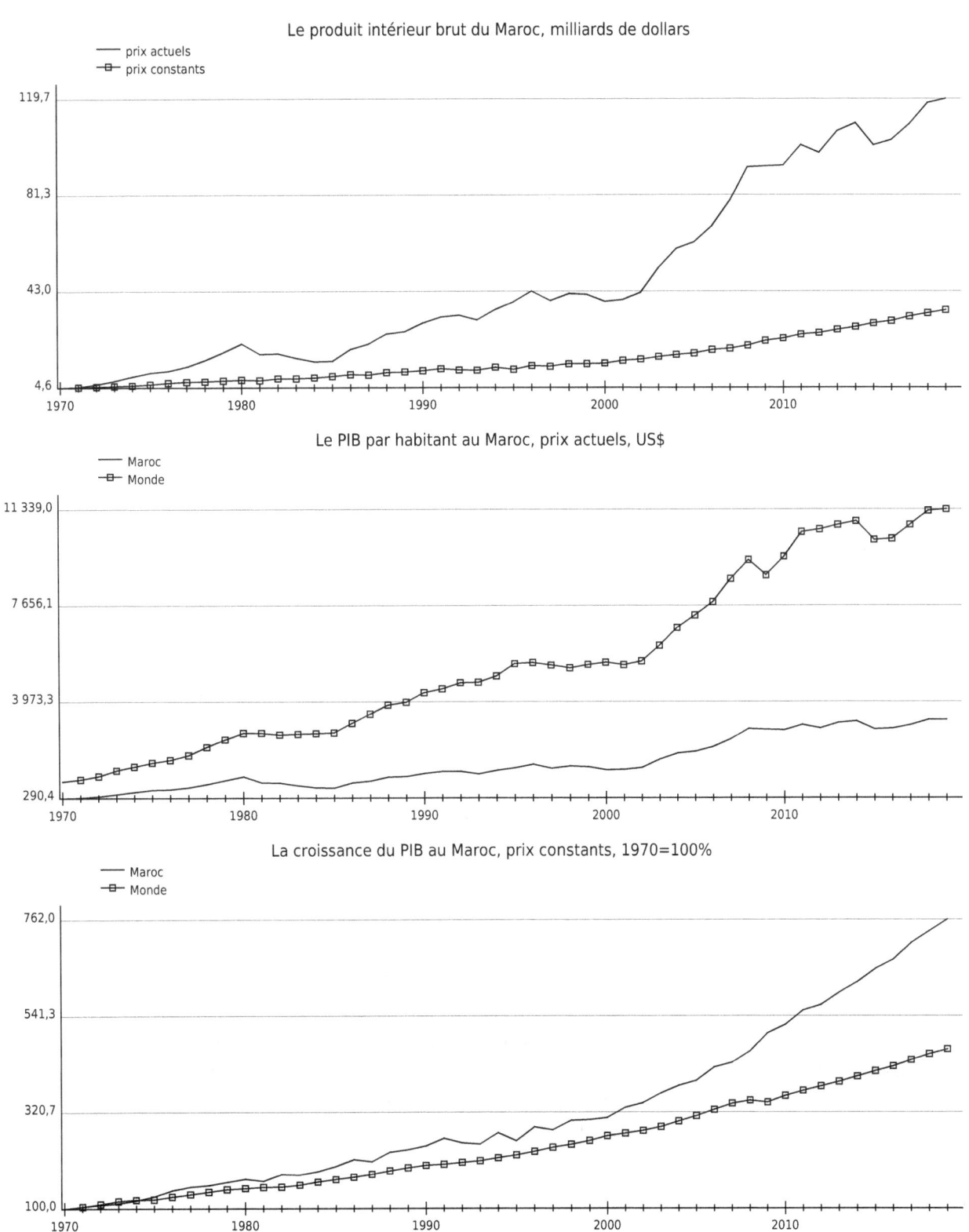

Les années 1970

Le PIB du Maroc était de 10,1 milliards de dollars par an dans les années 1970, se classant au 55ème rang mondial à égalité avec la Malaisie (10,1 milliards de dollars), le Pérou (9,9 milliards de dollars). La part dans le monde était de 0,15% et de 3,8% en Afrique.

Le PIB du Maroc était constitué des dépenses ménagères (63,2%), de la formation de capital (29,5%) et des dépenses publiques (15,8%).

Le PIB par habitant au Maroc était de 571.2 dollars dans les années 1970, au 119ème rang mondial, à égalité avec les Tuvalu (564,0 de dollars), le Mozambique (558,2 de dollars). Le PIB par habitant au Maroc était 2,8 fois inférieur le PIB par habitant au Monde (1 620,8 US$), et 11,9% inférieur le produit intérieur brut par habitant en Afrique (648,3 US$).

La croissance du produit intérieur brut au Maroc était de 5.4% dans les années 1970, se classant au 66ème rang mondial, à égalité avec Cuba (5,4%). La croissance du produit intérieur brut au Maroc (5,4%) a été supérieure à celle du monde (4,1%), et supérieure à celle de l'Afrique (4,5%).

Comparaison avec les voisins. Le PIB du Maroc était supérieur à celui de la Mauritanie (920,5 millions de dollars); mais inférieur à celui de l'Espagne (106,4 milliards de dollars) et de l'Algérie (15,4 milliards de dollars). Le PIB par habitant au Maroc était inférieur à celui de l'Espagne (2 982,4 de dollars), de l'Algérie (936,2 de dollars) et de la Mauritanie (699,9 de dollars). La croissance du PIB au Maroc était supérieure à celle de l'Espagne (3,8%) et de la Mauritanie (2,9%); mais inférieure à celle de l'Algérie (6,4%).

Comparaison avec les leaders. Le produit intérieur brut du Maroc était inférieur à celui des États-Unis (1,7 billions de dollars), de l'URSS (649,4 milliards de dollars), du Japon (558,0 milliards de dollars), de l'Allemagne (484,2 milliards de dollars) et de la France (333,2 milliards de dollars). Le produit intérieur brut par habitant au Maroc était inférieur à celui des États-Unis (7 838,7 de dollars), de la France (6 214,9 de dollars), de l'Allemagne (6 148,9 de dollars), du Japon (5 011,3 de dollars) et de l'URSS (2 574,9 de dollars). La croissance du PIB au Maroc était supérieure à celle de l'URSS (4,8%), du Japon (4,6%), de la France (3,9%), des États-Unis (3,5%) et de l'Allemagne (3,1%).

Les années 1980

Le PIB du Maroc était de 19,9 milliards de dollars par an dans les années 1980, se situant au 57ème rang mondial à égalité avec le Bangladesh (19,8 milliards de dollars), Singapour (19,7 milliards de dollars). La part dans le monde était de 0,13% et de 3,7% en Afrique.

Le produit intérieur brut du Maroc était constitué des dépenses ménagères (62,0%), de la formation de capital (29,5%) et des dépenses publiques (14,8%).

Le produit intérieur brut par habitant au Maroc était de 896.8 dollars dans les années 1980, se classant au 123ème rang mondial, à égalité avec la Côte d'Ivoire (893,7 de dollars), la Thaïlande (908,3 de dollars). Le PIB par habitant au Maroc était 3,5 fois inférieur le PIB par habitant au Monde (3 123,4 US$), et 9,7% inférieur le produit intérieur brut par habitant en Afrique (993,3 US$).

La croissance du PIB au Maroc était de 3.9% dans les années 1980, au 59ème rang mondial, à égalité avec Cuba (3,9%), le Bénin (3,9%), les Bahamas (3,9%). La croissance du produit intérieur brut au Maroc (3,9%) a été supérieure à celle du monde (3,0%), et supérieure à celle de l'Afrique (1,8%).

Comparaison avec les voisins. Le PIB du Maroc était supérieur à celui de la Mauritanie (1,9 milliards de dollars); mais inférieur à celui de l'Espagne (251,6 milliards de dollars) et de l'Algérie (53,2 milliards de dollars). Le produit intérieur brut par habitant au Maroc était inférieur à celui de l'Espagne (6 526,2 de dollars), de l'Algérie (2 405,8 de dollars) et de la Mauritanie (1 076,5 de dollars). La croissance du PIB au Maroc était supérieure à celle de l'Espagne (2,8%), de l'Algérie (2,8%) et de la Mauritanie (1,3%).

Comparaison avec les leaders. Le PIB du Maroc était inférieur à celui des États-Unis (4,2 billions de dollars), du Japon (1,8 billions de dollars), de l'Allemagne (990,0 milliards de dollars), de l'URSS (887,0 milliards de dollars) et de la France (729,5 milliards de dollars). Le PIB par habitant au Maroc était inférieur à celui des États-Unis (17 427,1 de dollars), du Japon (14 970,9 de dollars), de la France (12 907,5 de dollars), de l'Allemagne (12 688,8 de dollars) et de l'URSS (3 222,9 de dollars). La croissance du produit intérieur brut au Maroc était supérieure à celle des États-Unis (3,1%), de la France (2,3%) et de l'Allemagne (1,9%); mais inférieure à celle de l'URSS (4,3%) et du Japon (4,3%).

Les années 1990

Chapitre I. Produit intérieur brut

Le produit intérieur brut du Maroc était de 36,8 milliards de dollars par an dans les années 1990, se situant au 54ème rang mondial à égalité avec le Bangladesh (36,1 milliards de dollars). La part dans le monde était de 0,13% et de 6,2% en Afrique.

Le produit intérieur brut du Maroc était constitué des dépenses ménagères (61,5%), de la formation de capital (26,7%) et des dépenses publiques (15,5%).

Le produit intérieur brut par habitant au Maroc était de 1378.2 dollars dans les années 1990, au 123ème rang mondial. Le produit intérieur brut par habitant au Maroc était 3,6 fois inférieur le PIB par habitant au Monde (5 020,1 US$), et 65,4% supérieur le produit intérieur brut par habitant en Afrique (833,3 US$).

La croissance du PIB au Maroc était de 2.6% dans les années 1990, se classant au 111ème rang mondial, à égalité avec la Côte d'Ivoire (2,6%), le Malawi (2,6%). La croissance du PIB au Maroc (2,6%) a été inférieure à celle du monde (2,8%), et supérieure à celle de l'Afrique (2,4%).

Comparaison avec les voisins. Le produit intérieur brut du Maroc était supérieur à celui de la Mauritanie (2,3 milliards de dollars); mais inférieur à celui de l'Espagne (590,1 milliards de dollars) et de l'Algérie (48,4 milliards de dollars). Le produit intérieur brut par habitant au Maroc était supérieur à celui de la Mauritanie (992,4 de dollars); mais inférieur à celui de l'Espagne (14 846,7 de dollars) et de l'Algérie (1 706,7 de dollars). La croissance du PIB au Maroc était supérieure à celle de l'Algérie (1,5%); mais inférieure à celle de la Mauritanie (2,7%) et de l'Espagne (2,6%).

Comparaison avec les leaders. Le PIB du Maroc était inférieur à celui des États-Unis (7,6 billions de dollars), du Japon (4,3 billions de dollars), de l'Allemagne (2,2 billions de dollars), de la France (1,4 billions de dollars) et du Royaume-Uni (1,3 billions de dollars). Le PIB par habitant au Maroc était inférieur à celui du Japon (34 325,0 de dollars), des États-Unis (28 654,0 de dollars), de l'Allemagne (27 003,8 de dollars), de la France (24 100,9 de dollars) et du Royaume-Uni (22 920,4 de dollars). La croissance du produit intérieur brut au Maroc était supérieure à celle du Royaume-Uni (2,3%), de l'Allemagne (2,2%), de la France (2,0%) et du Japon (1,5%); mais inférieure à celle des États-Unis (3,2%).

Les années 2000

Le PIB du Maroc était de 62,9 milliards de dollars par an dans les années 2000, au 58ème rang mondial à égalité avec le Kazakhstan (63,1 milliards de dollars). La part dans le monde était de 0,13% et de 5,6% en Afrique.

Le produit intérieur brut du Maroc était constitué des dépenses ménagères (57,6%), de la formation de capital (32,0%) et des dépenses publiques (17,7%).

Le PIB par habitant au Maroc était de 2075.3 dollars dans les années 2000, se classant au 134ème rang mondial, à égalité avec la Mélanésie (2 083,3 de dollars), le Kosovo (2 087,2 de dollars), le Guatemala (2 057,9 de dollars). Le PIB par habitant au Maroc était 3,5 fois inférieur le produit intérieur brut par habitant au Monde (7 176,3 US$), et 68,9% supérieur le produit intérieur brut par habitant en Afrique (1 228,8 US$).

La croissance du produit intérieur brut au Maroc était de 5.2% dans les années 2000, se classant au 52ème rang mondial. La croissance du produit intérieur brut au Maroc (5,2%) a été supérieure à celle du monde (3,0%), et supérieure à celle de l'Afrique (5,1%).

Comparaison avec les voisins. Le produit intérieur brut du Maroc était supérieur à celui de la Mauritanie (3,1 milliards de dollars); mais inférieur à celui de l'Espagne (1,1 billions de dollars) et de l'Algérie (98,3 milliards de dollars). Le produit intérieur brut par habitant au Maroc était supérieur à celui de la Mauritanie (1 032,9 de dollars); mais inférieur à celui de l'Espagne (24 948,6 de dollars) et de l'Algérie (2 976,4 de dollars). La croissance du PIB au Maroc était supérieure à celle de l'Algérie (3,9%), de la Mauritanie (3,1%) et de l'Espagne (2,6%).

Comparaison avec les leaders. Le PIB du Maroc était inférieur à celui des États-Unis (12,6 billions de dollars), du Japon (4,7 billions de dollars), de l'Allemagne (2,8 billions de dollars), de la Chine (2,6 billions de dollars) et du Royaume-Uni (2,3 billions de dollars). Le produit intérieur brut par habitant au Maroc était supérieur à celui de la Chine (1 954,1 de dollars); mais inférieur à celui des États-Unis (42 841,2 de dollars), du Royaume-Uni (38 399,3 de dollars), du Japon (36 386,2 de dollars) et de l'Allemagne (33 966,8 de dollars). La croissance du produit intérieur brut au Maroc était supérieure à celle des États-Unis (1,9%), du Royaume-Uni (1,7%), de l'Allemagne (0,73%) et du Japon (0,50%); mais inférieure à celle de la Chine (10,3%).

Les années 2010

Le PIB du Maroc était de 106,2 milliards de dollars par an dans les années 2010, au 61ème rang mondial. La part dans le monde était de 0,14% et de 4,6% en Afrique.

Le PIB du Maroc était constitué des dépenses ménagères (58,8%), de la formation de capital (33,3%) et des dépenses publiques (19,2%).

Le produit intérieur brut par habitant au Maroc était de 3085 dollars dans les années 2010, au 143ème rang mondial, à égalité avec la Palestine (3 100,6 de dollars), l'Ukraine (3 053,7 de dollars), le Vanuatu (3 047,6 de dollars). Le produit intérieur brut par habitant au Maroc était 3,4 fois inférieur le PIB par habitant au Monde (10 603,1 US$), et 55,9% supérieur le PIB par habitant en Afrique (1 979,5 US$).

La croissance du produit intérieur brut au Maroc était de 4.3% dans les années 2010, se situant au 66ème rang mondial, à égalité avec la Moldavie (4,3%), les Îles Marshall (4,3%). La croissance du produit intérieur brut au Maroc (4,3%) a été supérieure à celle du monde (3,1%), et supérieure à celle de l'Afrique (2,9%).

Comparaison avec les voisins. Le produit intérieur brut du Maroc était 15,9 fois supérieur à celui de la Mauritanie (6,7 milliards de dollars); mais 12,7 fois inférieur à celui de l'Espagne (1,4 billions de dollars) et 42,2% inférieur à celui de l'Algérie (183,7 milliards de dollars). Le PIB par habitant au Maroc était 84,3% supérieur à celui de la Mauritanie (1 673,7 de dollars); mais 9,3 fois inférieur à celui de l'Espagne (28 843,9 de dollars) et 33,8% inférieur à celui de l'Algérie (4 660,9 de dollars). La croissance du produit intérieur brut au Maroc était supérieure à celle de la Mauritanie (3,8%), de l'Algérie (2,7%) et de l'Espagne (1,0%).

Comparaison avec les leaders. Le PIB du Maroc était 169,2 fois inférieur à celui des États-Unis (18,0 billions de dollars), 99,0 fois inférieur à celui de la Chine (10,5 billions de dollars), 49,2 fois inférieur à celui du Japon (5,2 billions de dollars), 34,5 fois inférieur à celui de l'Allemagne (3,7 billions de dollars) et 26,1 fois inférieur à celui du Royaume-Uni (2,8 billions de dollars). Le produit intérieur brut par habitant au Maroc était 18,2 fois inférieur à celui des États-Unis (56 220,1 de dollars), 14,5 fois inférieur à celui de l'Allemagne (44 732,1 de dollars), 13,7 fois inférieur à celui du Royaume-Uni (42 176,3 de dollars), 13,2 fois inférieur à celui du Japon (40 869,8 de dollars) et 2,4 fois inférieur à celui de la Chine (7 491,3 de dollars). La croissance du PIB au Maroc était supérieure à celle des États-Unis (2,3%), de l'Allemagne (1,9%), du Royaume-Uni (1,8%) et du Japon (1,3%); mais inférieure à celle de la Chine (7,7%).

Chapitre II. Valeur ajoutée

La valeur ajoutée du Maroc est passé de 8,8 milliards de dollars par an dans les années 1970 à 95,2 milliards de dollars par an dans les années 2010, c'est-à-dire 86,3 milliards de dollars ou de 10,8 fois. La variation a été de 49,8 milliards de dollars en raison de l'augmentation de 2,1 fois des prix, et de 28,1 milliards de dollars en raison de la croissance de productivité de 2,6 fois, et de 8,4 milliards de dollars en raison de la croissance démographique. La croissance annuelle moyenne de la valeur ajoutée était de 4,3%. La valeur minimale était de 4,0 milliards de dollars en 1970. La valeur maximale était de 105,9 milliards de dollars en 2019.

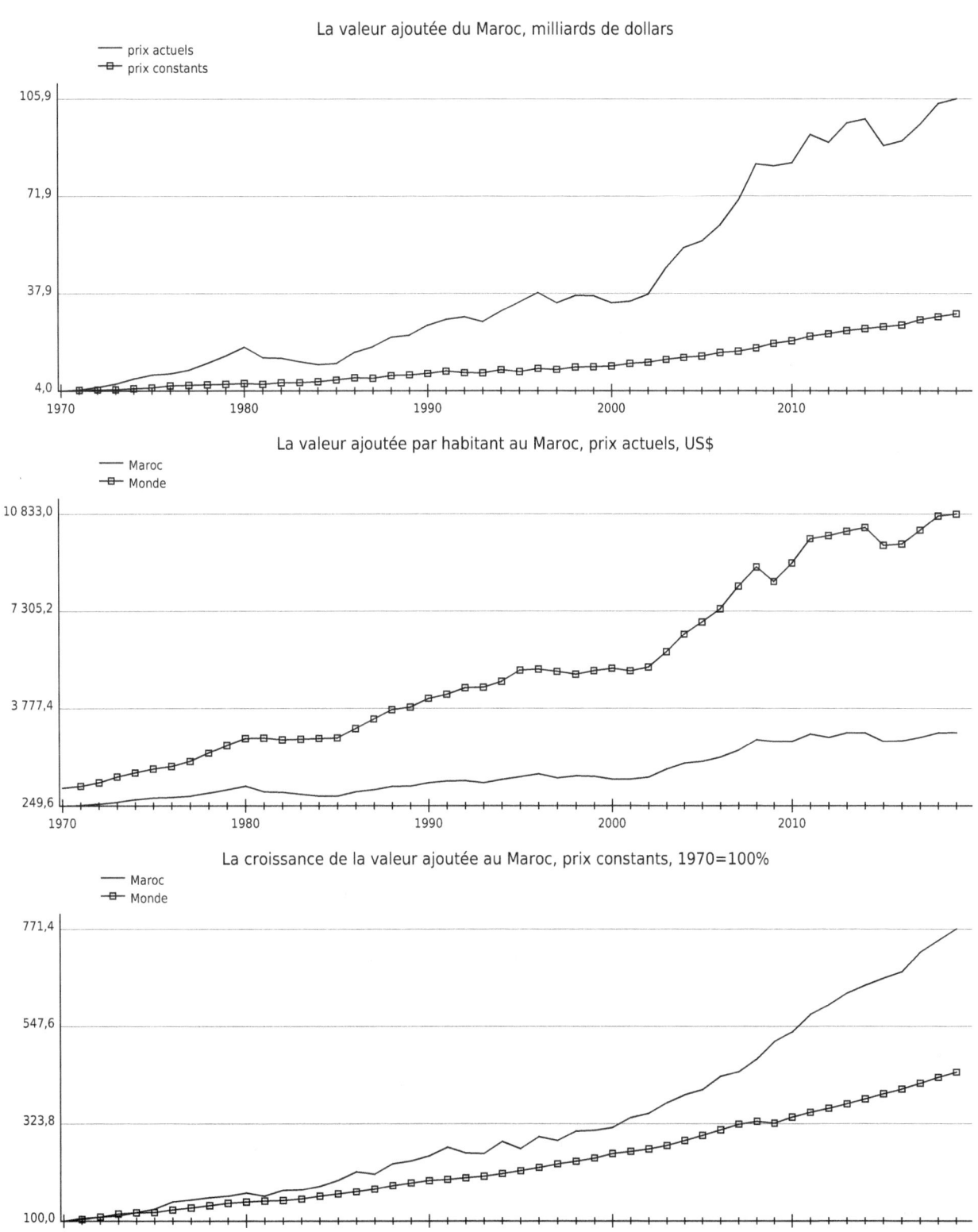

Les années 1970

La valeur ajoutée du Maroc était de 8,8 milliards de dollars par an dans les années 1970, au 57ème rang mondial à égalité avec l'Irlande (8,7 milliards de dollars). La part dans le monde était de 0,14% et de 3,5% en Afrique.

La valeur ajoutée totale du Maroc était constituée de: industrie (26,4%), services (24,4%), agriculture (20,2%), commerce (17,4%), construction (6,0%), transport (5,7%).

La valeur ajoutée par habitant au Maroc était de 500.5 dollars dans les années 1970, se situant au 126ème rang mondial, à égalité avec l'Asie (508,3 de dollars). La valeur ajoutée par habitant au Maroc était 3,1 fois inférieure la valeur ajoutée par habitant au Monde (1 564,4 US$), et 19,1% inférieure la valeur ajoutée par habitant en Afrique (619,0 US$).

La croissance de la valeur ajoutée au Maroc était de 5.1% dans les années 1970, au 74ème rang mondial. La croissance de la valeur ajoutée au Maroc (5,1%) a été supérieure à celle du monde (3,9%), et supérieure à celle de l'Afrique (4,9%).

Comparaison avec les voisins. La valeur ajoutée du Maroc était supérieure à celle de la Mauritanie (886,9 millions de dollars); mais inférieure à celle de l'Espagne (100,2 milliards de dollars) et de l'Algérie (15,6 milliards de dollars). La valeur ajoutée par habitant au Maroc était inférieure à celle de l'Espagne (2 809,5 de dollars), de l'Algérie (947,5 de dollars) et de la Mauritanie (674,3 de dollars). La croissance de la valeur ajoutée au Maroc était supérieure à celle de l'Espagne (4,0%) et de la Mauritanie (2,0%); mais inférieure à celle de l'Algérie (5,4%).

Comparaison avec les leaders. La valeur ajoutée du Maroc était inférieure à celle des États-Unis (1,7 billions de dollars), de l'URSS (649,4 milliards de dollars), du Japon (545,3 milliards de dollars), de l'Allemagne (444,9 milliards de dollars) et de la France (297,3 milliards de dollars). La valeur ajoutée par habitant au Maroc était inférieure à celle des États-Unis (7 767,9 de dollars), de l'Allemagne (5 650,3 de dollars), de la France (5 544,4 de dollars), du Japon (4 897,5 de dollars) et de l'URSS (2 574,9 de dollars). La croissance de la valeur ajoutée au Maroc était supérieure à celle du Japon (4,9%), de l'URSS (4,8%), de la France (3,7%), de l'Allemagne (3,1%) et des États-Unis (2,9%).

Les années 1980

La valeur ajoutée du Maroc était de 17,3 milliards de dollars par an dans les années 1980, se classant au 60ème rang mondial. La part dans le monde était de 0,12% et de 3,4% en Afrique.

La valeur ajoutée totale du Maroc était constituée de: services (27,1%), industrie (27,0%), agriculture (17,5%), commerce (14,8%), transport (8,3%), construction (5,2%).

La valeur ajoutée par habitant au Maroc était de 780.8 dollars dans les années 1980, se classant au 130ème rang mondial, à égalité avec le Salvador (782,5 de dollars), les Maldives (787,7 de dollars). La valeur ajoutée par habitant au Maroc était 3,9 fois inférieure la valeur ajoutée par habitant au Monde (3 029,9 US$), et 17,7% inférieure la valeur ajoutée par habitant en Afrique (948,7 US$).

La croissance de la valeur ajoutée au Maroc était de 4.3% dans les années 1980, au 47ème rang mondial, à égalité avec le Japon (4,2%), Maurice (4,3%). La croissance de la valeur ajoutée au Maroc (4,3%) a été supérieure à celle du monde (2,9%), et supérieure à celle de l'Afrique (1,2%).

Comparaison avec les voisins. La valeur ajoutée du Maroc était supérieure à celle de la Mauritanie (1,8 milliards de dollars); mais inférieure à celle de l'Espagne (236,5 milliards de dollars) et de l'Algérie (51,3 milliards de dollars). La valeur ajoutée par habitant au Maroc était inférieure à celle de l'Espagne (6 134,0 de dollars), de l'Algérie (2 317,3 de dollars) et de la Mauritanie (1 039,1 de dollars). La croissance de la valeur ajoutée au Maroc était supérieure à celle de l'Espagne (2,8%), de l'Algérie (2,5%) et de la Mauritanie (1,5%).

Comparaison avec les leaders. La valeur ajoutée du Maroc était inférieure à celle des États-Unis (4,2 billions de dollars), du Japon (1,8 billions de dollars), de l'Allemagne (907,0 milliards de dollars), de l'URSS (887,0 milliards de dollars) et de la France (650,9 milliards de dollars). La valeur ajoutée par habitant au Maroc était inférieure à celle des États-Unis (17 439,9 de dollars), du Japon (14 839,7 de dollars), de l'Allemagne (11 624,4 de dollars), de la France (11 516,2 de dollars) et de l'URSS (3 222,9 de dollars). La croissance de la valeur ajoutée au Maroc était supérieure à celle du Japon (4,2%), des États-Unis (2,8%), de la France (2,2%) et de l'Allemagne (2,0%); mais inférieure à celle de l'URSS (4,3%).

Les années 1990

Chapitre II. Valeur ajoutée

La valeur ajoutée du Maroc était de 32,7 milliards de dollars par an dans les années 1990, se classant au 56ème rang mondial. La part dans le monde était de 0,12% et de 5,8% en Afrique.

La valeur ajoutée totale du Maroc était constituée de: services (31,4%), industrie (25,3%), agriculture (17,6%), commerce (13,8%), transport (8,0%), construction (4,1%).

La valeur ajoutée par habitant au Maroc était de 1224.6 dollars dans les années 1990, au 125ème rang mondial, à égalité avec la Jordanie (1 221,2 de dollars). La valeur ajoutée par habitant au Maroc était 3,9 fois inférieure la valeur ajoutée par habitant au Monde (4 799,9 US$), et 54,4% supérieure la valeur ajoutée par habitant en Afrique (793,2 US$).

La croissance de la valeur ajoutée au Maroc était de 2.6% dans les années 1990, se classant au 112ème rang mondial, à égalité avec la Nouvelle-Zélande (2,6%), la Colombie (2,6%), l'Europe du Nord (2,6%). La croissance de la valeur ajoutée au Maroc (2,6%) a été inférieure à celle du monde (2,7%), et supérieure à celle de l'Afrique (2,3%).

Comparaison avec les voisins. La valeur ajoutée du Maroc était supérieure à celle de la Mauritanie (2,1 milliards de dollars); mais inférieure à celle de l'Espagne (546,8 milliards de dollars) et de l'Algérie (46,4 milliards de dollars). La valeur ajoutée par habitant au Maroc était supérieure à celle de la Mauritanie (929,8 de dollars); mais inférieure à celle de l'Espagne (13 754,9 de dollars) et de l'Algérie (1 635,1 de dollars). La croissance de la valeur ajoutée au Maroc était supérieure à celle de la Mauritanie (2,4%), de l'Espagne (2,2%) et de l'Algérie (1,9%).

Comparaison avec les leaders. La valeur ajoutée du Maroc était inférieure à celle des États-Unis (7,6 billions de dollars), du Japon (4,3 billions de dollars), de l'Allemagne (2,0 billions de dollars), de la France (1,3 billions de dollars) et du Royaume-Uni (1,2 billions de dollars). La valeur ajoutée par habitant au Maroc était inférieure à celle du Japon (34 190,7 de dollars), des États-Unis (28 605,8 de dollars), de l'Allemagne (24 519,7 de dollars), de la France (21 588,1 de dollars) et du Royaume-Uni (21 414,8 de dollars). La croissance de la valeur ajoutée au Maroc était supérieure à celle du Royaume-Uni (2,4%), de l'Allemagne (2,1%), de la France (1,8%) et du Japon (1,8%); mais inférieure à celle des États-Unis (2,8%).

Les années 2000

La valeur ajoutée du Maroc était de 56,3 milliards de dollars par an dans les années 2000, au 60ème rang mondial. La part dans le monde était de 0,13% et de 5,3% en Afrique.

La valeur ajoutée totale du Maroc était constituée de: services (36,3%), industrie (22,8%), agriculture (14,0%), commerce (13,0%), transport (8,1%), construction (5,7%).

La valeur ajoutée par habitant au Maroc était de 1855.6 dollars dans les années 2000, se classant au 136ème rang mondial. La valeur ajoutée par habitant au Maroc était 3,7 fois inférieure la valeur ajoutée par habitant au Monde (6 818,0 US$), et 59,2% supérieure la valeur ajoutée par habitant en Afrique (1 165,9 US$).

La croissance de la valeur ajoutée au Maroc était de 5.2% dans les années 2000, se situant au 46ème rang mondial, à égalité avec le Yémen (5,2%), l'Est (5,2%). La croissance de la valeur ajoutée au Maroc (5,2%) a été supérieure à celle du monde (2,9%), et supérieure à celle de l'Afrique (4,9%).

Comparaison avec les voisins. La valeur ajoutée du Maroc était supérieure à celle de la Mauritanie (2,9 milliards de dollars); mais inférieure à celle de l'Espagne (991,9 milliards de dollars) et de l'Algérie (95,4 milliards de dollars). La valeur ajoutée par habitant au Maroc était supérieure à celle de la Mauritanie (974,2 de dollars); mais inférieure à celle de l'Espagne (22 708,3 de dollars) et de l'Algérie (2 888,4 de dollars). La croissance de la valeur ajoutée au Maroc était supérieure à celle de l'Algérie (3,8%), de l'Espagne (2,7%) et de la Mauritanie (0,82%).

Comparaison avec les leaders. La valeur ajoutée du Maroc était inférieure à celle des États-Unis (12,6 billions de dollars), du Japon (4,7 billions de dollars), de la Chine (2,6 billions de dollars), de l'Allemagne (2,5 billions de dollars) et du Royaume-Uni (2,1 billions de dollars). La valeur ajoutée par habitant au Maroc était inférieure à celle des États-Unis (42 840,8 de dollars), du Japon (36 383,0 de dollars), du Royaume-Uni (34 611,1 de dollars), de l'Allemagne (30 717,6 de dollars) et de la Chine (1 954,1 de dollars). La croissance de la valeur ajoutée au Maroc était supérieure à celle des États-Unis (1,7%), du Royaume-Uni (1,7%), de l'Allemagne (0,65%) et du Japon (0,27%); mais inférieure à celle de la Chine (10,2%).

Les années 2010

La valeur ajoutée du Maroc était de 95,2 milliards de dollars par an dans les années 2010, au 62ème rang mondial. La part dans le monde était de 0,13% et de 4,3% en Afrique.

La valeur ajoutée totale du Maroc était constituée de: services (38,3%), industrie (22,9%), agriculture (13,9%), commerce (11,8%), transport (6,9%), construction (6,2%).

La valeur ajoutée par habitant au Maroc était de 2764.9 dollars dans les années 2010, se classant au 146ème rang mondial, à égalité avec les Philippines (2 798,4 de dollars), la république du Congo (2 814,0 de dollars). La valeur ajoutée par habitant au Maroc était 3,7 fois inférieure la valeur ajoutée par habitant au Monde (10 094,6 US$), et 46,6% supérieure la valeur ajoutée par habitant en Afrique (1 886,4 US$).

La croissance de la valeur ajoutée au Maroc était de 4.2% dans les années 2010, au 67ème rang mondial. La croissance de la valeur ajoutée au Maroc (4,2%) a été supérieure à celle du monde (3,1%), et supérieure à celle de l'Afrique (2,7%).

Comparaison avec les voisins. La valeur ajoutée du Maroc était 15,5 fois supérieure à celle de la Mauritanie (6,1 milliards de dollars); mais 12,9 fois inférieure à celle de l'Espagne (1,2 billions de dollars) et 46,4% inférieure à celle de l'Algérie (177,6 milliards de dollars). La valeur ajoutée par habitant au Maroc était 80,2% supérieure à celle de la Mauritanie (1 534,5 de dollars); mais 9,5 fois inférieure à celle de l'Espagne (26 305,1 de dollars) et 38,7% inférieure à celle de l'Algérie (4 508,0 de dollars). La croissance de la valeur ajoutée au Maroc était supérieure à celle de la Mauritanie (3,4%), de l'Algérie (2,9%) et de l'Espagne (0,99%).

Comparaison avec les leaders. La valeur ajoutée du Maroc était 188,8 fois inférieure à celle des États-Unis (18,0 billions de dollars), 110,4 fois inférieure à celle de la Chine (10,5 billions de dollars), 54,7 fois inférieure à celle du Japon (5,2 billions de dollars), 34,7 fois inférieure à celle de l'Allemagne (3,3 billions de dollars) et 26,0 fois inférieure à celle du Royaume-Uni (2,5 billions de dollars). La valeur ajoutée par habitant au Maroc était 20,3 fois inférieure à celle des États-Unis (56 220,3 de dollars), 14,7 fois inférieure à celle du Japon (40 660,3 de dollars), 14,6 fois inférieure à celle de l'Allemagne (40 346,4 de dollars), 13,6 fois inférieure à celle du Royaume-Uni (37 659,6 de dollars) et 2,7 fois inférieure à celle de la Chine (7 491,3 de dollars). La croissance de la valeur ajoutée au Maroc était supérieure à celle des États-Unis (2,2%), de l'Allemagne (1,9%), du Royaume-Uni (1,8%) et du Japon (1,3%); mais inférieure à celle de la Chine (7,7%).

Chapitre III. Revenu national brut

Le RNB du Maroc est passé de 10,0 milliards de dollars par an dans les années 1970 à 104,2 milliards de dollars par an dans les années 2010, c'est-à-dire 94,2 milliards de dollars ou de 10,4 fois. La variation a été de 54,6 milliards de dollars en raison de l'augmentation de 2,1 fois des prix, et de 30,0 milliards de dollars en raison de la croissance de productivité de 2,5 fois, et de 9,5 milliards de dollars en raison de la croissance démographique. La croissance annuelle moyenne du RNB était de 4,2%. La valeur minimale était de 4,6 milliards de dollars en 1970. La valeur maximale était de 117,4 milliards de dollars en 2019.

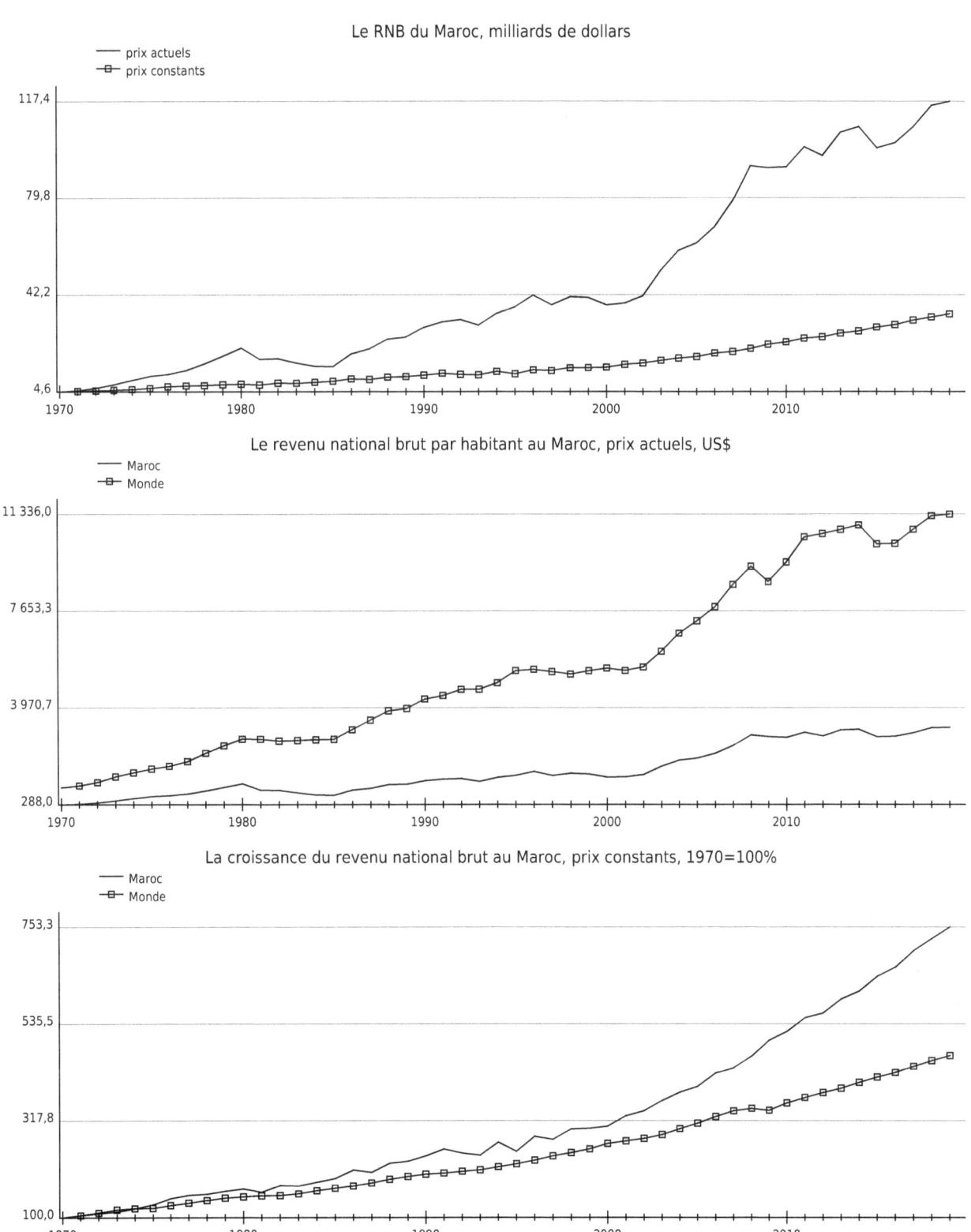

Les années 1970

Le revenu national brut du Maroc était de 10,0 milliards de dollars par an dans les années 1970, se classant au 54ème rang mondial. La part dans le monde était de 0,15% et de 3,9% en Afrique.

Le RNB par habitant au Maroc était de 567.8 dollars dans les années 1970, se classant au 121ème rang mondial, à égalité avec le Paraguay (581,4 de dollars). Le revenu national brut par habitant au Maroc était 2,9 fois inférieur le revenu national brut par habitant au Monde (1 624,3 US$), et 10,2% inférieur le revenu national brut par habitant en Afrique (632,4 US$).

La croissance du revenu national brut au Maroc était de 5.3% dans les années 1970, se situant au 71ème rang mondial, à égalité avec l'Est (5,3%), Saint-Christophe-et-Niévès (5,3%). La croissance du RNB au Maroc (5,3%) a été supérieure à celle du monde (4,1%), et supérieure à celle de l'Afrique (4,7%).

Comparaison avec les voisins. Le RNB du Maroc était supérieur à celui de la Mauritanie (902,7 millions de dollars); mais inférieur à celui de l'Espagne (105,3 milliards de dollars) et de l'Algérie (15,1 milliards de dollars). Le RNB par habitant au Maroc était inférieur à celui de l'Espagne (2 952,8 de dollars), de l'Algérie (919,0 de dollars) et de la Mauritanie (686,4 de dollars). La croissance du revenu national brut au Maroc était supérieure à celle de l'Espagne (3,8%) et de la Mauritanie (3,1%); mais inférieure à celle de l'Algérie (6,4%).

Comparaison avec les leaders. Le revenu national brut du Maroc était inférieur à celui des États-Unis (1,7 billions de dollars), de l'URSS (649,4 milliards de dollars), du Japon (558,5 milliards de dollars), de l'Allemagne (486,2 milliards de dollars) et de la France (334,3 milliards de dollars). Le RNB par habitant au Maroc était inférieur à celui des États-Unis (7 837,2 de dollars), de la France (6 235,1 de dollars), de l'Allemagne (6 174,4 de dollars), du Japon (5 015,3 de dollars) et de l'URSS (2 574,9 de dollars). La croissance du RNB au Maroc était supérieure à celle de l'URSS (4,8%), du Japon (4,7%), de la France (3,9%), des États-Unis (3,5%) et de l'Allemagne (3,0%).

Les années 1980

Le revenu national brut du Maroc était de 19,2 milliards de dollars par an dans les années 1980, se classant au 58ème rang mondial à égalité avec Singapour (19,3 milliards de dollars). La part dans le monde était de 0,13% et de 3,7% en Afrique.

Le revenu national brut par habitant au Maroc était de 862.3 dollars dans les années 1980, se classant au 123ème rang mondial, à égalité avec le Guyana (860,5 de dollars), les Comores (856,9 de dollars), la Corée du Nord (854,7 de dollars). Le RNB par habitant au Maroc était 3,6 fois inférieur le revenu national brut par habitant au Monde (3 117,1 US$), et 10,0% inférieur le RNB par habitant en Afrique (957,8 US$).

La croissance du RNB au Maroc était de 3.6% dans les années 1980, se classant au 64ème rang mondial. La croissance du RNB au Maroc (3,6%) a été supérieure à celle du monde (3,0%), et supérieure à celle de l'Afrique (1,6%).

Comparaison avec les voisins. Le revenu national brut du Maroc était supérieur à celui de la Mauritanie (1,8 milliards de dollars); mais inférieur à celui de l'Espagne (247,9 milliards de dollars) et de l'Algérie (51,8 milliards de dollars). Le RNB par habitant au Maroc était inférieur à celui de l'Espagne (6 430,4 de dollars), de l'Algérie (2 341,4 de dollars) et de la Mauritanie (1 029,2 de dollars). La croissance du RNB au Maroc était supérieure à celle de l'Algérie (2,8%), de l'Espagne (2,8%) et de la Mauritanie (1,1%).

Comparaison avec les leaders. Le revenu national brut du Maroc était inférieur à celui des États-Unis (4,2 billions de dollars), du Japon (1,8 billions de dollars), de l'Allemagne (996,5 milliards de dollars), de l'URSS (887,0 milliards de dollars) et de la France (732,1 milliards de dollars). Le revenu national brut par habitant au Maroc était inférieur à celui des États-Unis (17 362,5 de dollars), du Japon (15 042,8 de dollars), de la France (12 952,6 de dollars), de l'Allemagne (12 771,0 de dollars) et de l'URSS (3 222,9 de dollars). La croissance du RNB au Maroc était supérieure à celle des États-Unis (3,1%), de la France (2,3%) et de l'Allemagne (2,0%); mais inférieure à celle du Japon (4,4%) et de l'URSS (4,3%).

Les années 1990

Le revenu national brut du Maroc était de 35,9 milliards de dollars par an dans les années 1990, se classant au 54ème rang mondial. La part dans le monde était de 0,13% et de 6,3% en Afrique.

Le revenu national brut par habitant au Maroc était de 1343.1 dollars dans les années 1990, se classant au 124ème rang mondial, à égalité avec le Vanuatu (1 356,4 de dollars), la Jordanie (1 370,6 de dollars). Le revenu national brut par habitant au Maroc était 3,7 fois inférieur le revenu national brut par habitant au Monde (4 991,4 US$), et 67,9% supérieur le RNB par habitant en Afrique (799,7 US$).

Chapitre III. Revenu national brut

La croissance du RNB au Maroc était de 2.9% dans les années 1990, au 104ème rang mondial, à égalité avec l'Est (2,9%), la Gambie (2,9%). La croissance du revenu national brut au Maroc (2,9%) a été supérieure à celle du monde (2,8%), et supérieure à celle de l'Afrique (2,5%).

Comparaison avec les voisins. Le RNB du Maroc était supérieur à celui de la Mauritanie (2,2 milliards de dollars); mais inférieur à celui de l'Espagne (583,1 milliards de dollars) et de l'Algérie (46,4 milliards de dollars). Le RNB par habitant au Maroc était supérieur à celui de la Mauritanie (962,3 de dollars); mais inférieur à celui de l'Espagne (14 670,4 de dollars) et de l'Algérie (1 634,8 de dollars). La croissance du RNB au Maroc était supérieure à celle de l'Espagne (2,7%) et de l'Algérie (1,4%); mais inférieure à celle de la Mauritanie (3,3%).

Comparaison avec les leaders. Le revenu national brut du Maroc était inférieur à celui des États-Unis (7,5 billions de dollars), du Japon (4,4 billions de dollars), de l'Allemagne (2,2 billions de dollars), de la France (1,4 billions de dollars) et du Royaume-Uni (1,3 billions de dollars). Le RNB par habitant au Maroc était inférieur à celui du Japon (34 665,3 de dollars), des États-Unis (28 503,5 de dollars), de l'Allemagne (27 004,0 de dollars), de la France (24 286,5 de dollars) et du Royaume-Uni (23 037,3 de dollars). La croissance du RNB au Maroc était supérieure à celle de la France (2,2%), du Royaume-Uni (2,0%), de l'Allemagne (2,0%) et du Japon (1,5%); mais inférieure à celle des États-Unis (3,4%).

Les années 2000

Le RNB du Maroc était de 62,4 milliards de dollars par an dans les années 2000, au 56ème rang mondial. La part dans le monde était de 0,13% et de 5,8% en Afrique.

Le revenu national brut par habitant au Maroc était de 2057.7 dollars dans les années 2000, se classant au 134ème rang mondial, à égalité avec l'Azerbaïdjan (2 060,6 de dollars), la Mélanésie (2 036,7 de dollars), le Guatemala (2 021,0 de dollars). Le revenu national brut par habitant au Maroc était 3,5 fois inférieur le revenu national brut par habitant au Monde (7 165,2 US$), et 73,6% supérieur le RNB par habitant en Afrique (1 185,1 US$).

La croissance du RNB au Maroc était de 5.2% dans les années 2000, se situant au 55ème rang mondial, à égalité avec le Belize (5,1%), la Serbie (5,1%), l'Asie du Sud-Est (5,2%). La croissance du revenu national brut au Maroc (5,2%) a été supérieure à celle du monde (3,0%), et supérieure à celle de l'Afrique (5,1%).

Comparaison avec les voisins. Le revenu national brut du Maroc était supérieur à celui de la Mauritanie (3,1 milliards de dollars); mais inférieur à celui de l'Espagne (1,1 billions de dollars) et de l'Algérie (95,8 milliards de dollars). Le revenu national brut par habitant au Maroc était supérieur à celui de la Mauritanie (1 046,4 de dollars); mais inférieur à celui de l'Espagne (24 520,0 de dollars) et de l'Algérie (2 900,1 de dollars). La croissance du RNB au Maroc était supérieure à celle de l'Algérie (4,3%), de la Mauritanie (3,1%) et de l'Espagne (2,5%).

Comparaison avec les leaders. Le RNB du Maroc était inférieur à celui des États-Unis (12,7 billions de dollars), du Japon (4,8 billions de dollars), de l'Allemagne (2,8 billions de dollars), de la Chine (2,6 billions de dollars) et du Royaume-Uni (2,3 billions de dollars). Le revenu national brut par habitant au Maroc était supérieur à celui de la Chine (1 950,5 de dollars); mais inférieur à celui des États-Unis (43 177,4 de dollars), du Royaume-Uni (38 514,5 de dollars), du Japon (37 144,2 de dollars) et de l'Allemagne (34 189,0 de dollars). La croissance du revenu national brut au Maroc était supérieure à celle des États-Unis (1,8%), du Royaume-Uni (1,7%), de l'Allemagne (1,0%) et du Japon (0,62%); mais inférieure à celle de la Chine (10,4%).

Les années 2010

Le RNB du Maroc était de 104,2 milliards de dollars par an dans les années 2010, au 61ème rang mondial à égalité avec l'Angola (105,5 milliards de dollars). La part dans le monde était de 0,13% et de 4,7% en Afrique.

Le RNB par habitant au Maroc était de 3027.7 dollars dans les années 2010, au 145ème rang mondial, à égalité avec le Vanuatu (2 975,8 de dollars), l'Ukraine (3 092,0 de dollars). Le revenu national brut par habitant au Maroc était 3,5 fois inférieur le RNB par habitant au Monde (10 611,7 US$), et 58,2% supérieur le RNB par habitant en Afrique (1 913,3 US$).

La croissance du RNB au Maroc était de 4.2% dans les années 2010, au 68ème rang mondial, à égalité avec le Kazakhstan (4,2%), le Botswana (4,2%). La croissance du revenu national brut au Maroc (4,2%) a été supérieure à celle du monde (3,1%), et supérieure à celle de l'Afrique (2,9%).

Comparaison avec les voisins. Le revenu national brut du Maroc était 15,9 fois supérieur à celui de la Mauritanie (6,6 milliards de dollars); mais 12,9 fois inférieur à celui de l'Espagne (1,3 billions de dollars) et 42,4% inférieur à celui de l'Algérie (181,0 milliards de dollars). Le RNB par habitant au Maroc était 84,7% supérieur à celui de la Mauritanie (1 639,1 de dollars); mais 9,5 fois inférieur à celui de l'Espagne (28 708,2 de dollars) et 34,1% inférieur à celui de l'Algérie (4 594,5 de dollars). La croissance du revenu national brut au Maroc était supérieure à celle de la Mauritanie (3,5%), de l'Algérie (2,6%) et de l'Espagne (1,2%).

Comparaison avec les leaders. Le revenu national brut du Maroc était 175,7 fois inférieur à celui des États-Unis (18,3 billions de dollars), 100,5 fois inférieur à celui de la Chine (10,5 billions de dollars), 51,8 fois inférieur à celui du Japon (5,4 billions de dollars), 36,0 fois inférieur à celui de l'Allemagne (3,7 billions de dollars) et 26,4 fois inférieur à celui de la France (2,7 billions de dollars). Le RNB par habitant au Maroc était 18,9 fois inférieur à celui des États-Unis (57 299,9 de dollars), 15,1 fois inférieur à celui de l'Allemagne (45 801,3 de dollars), 13,9 fois inférieur à celui du Japon (42 204,7 de dollars), 13,7 fois inférieur à celui de la France (41 404,4 de dollars) et 2,5 fois inférieur à celui de la Chine (7 463,8 de dollars). La croissance du revenu national brut au Maroc était supérieure à celle des États-Unis (2,5%), de l'Allemagne (2,0%), du Japon (1,4%) et de la France (1,4%); mais inférieure à celle de la Chine (7,7%).

Partie II. Structure

	Les années 2010
agriculture	13,9%
industrie	22,9%
construction	6,2%
commerce	11,8%
transport	6,9%
services	38,3%

Chapitre IV. Agriculture

Agriculture, chasse, sylviculture et pêche (ISIC A-B)

La valeur de l'agriculture au Maroc est passé de 1,8 milliards de dollars par an dans les années 1970 à 13,2 milliards de dollars par an dans les années 2010, c'est-à-dire 11,5 milliards de dollars ou de 7,4 fois. La variation a été de 7,7 milliards de dollars en raison de l'augmentation de 2,4 fois des prix, et de 2,1 milliards de dollars en raison de la croissance de productivité de 1,6 fois, et de 1,7 milliards de dollars en raison de la croissance démographique. La croissance annuelle moyenne de l'agriculture était de 2,6%. La valeur minimale était de 861,5 millions de dollars en 1970. La valeur maximale était de 14,6 milliards de dollars en 2019.

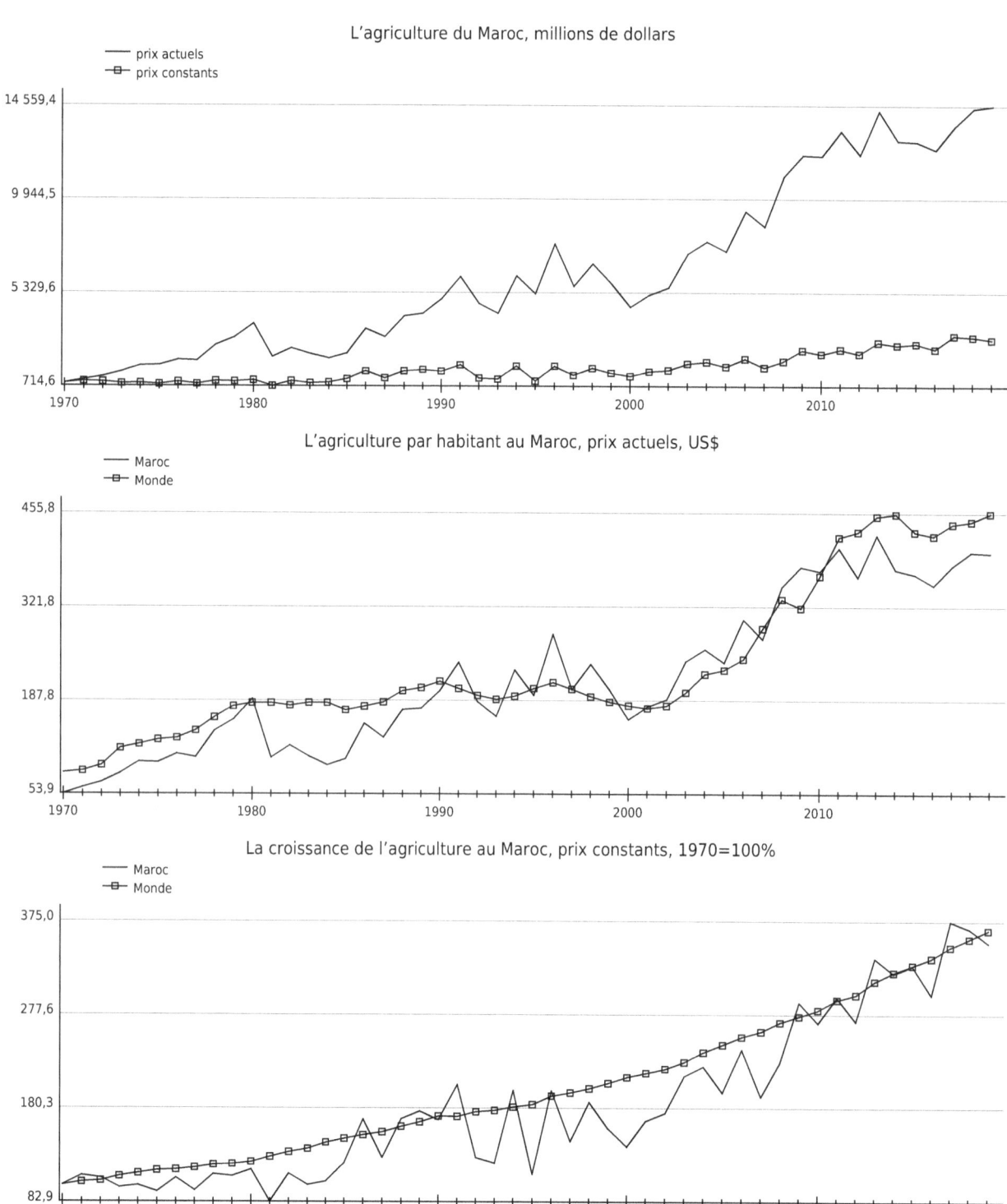

Chapitre IV. Agriculture

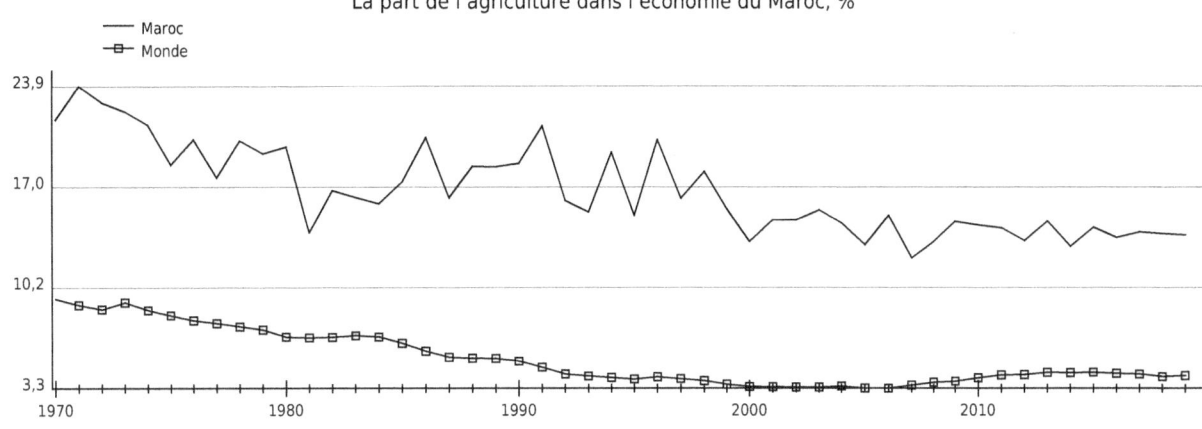

Les années 1970

La valeur ajoutée de l'agriculture au Maroc était de 1,8 milliards de dollars par an dans les années 1970, au 48ème rang mondial à égalité avec le Danemark (1,8 milliards de dollars), l'Éthiopie (1,8 milliards de dollars). La part dans le monde était de 0,35% et de 3,9% en Afrique.

La part de l'agriculture dans l'économie du Maroc était de 20,2% dans les années 1970, se classant au 71ème rang mondial.

L'agriculture par habitant au Maroc était de 100.9 dollars dans les années 1970, se classant au 99ème rang mondial, à égalité avec le Pérou (100,6 de dollars), le Sénégal (101,3 de dollars), le Brésil (101,8 de dollars). L'agriculture par habitant au Maroc était 20,9% inférieure l'agriculture par habitant au Monde (127,6 US$), et 10,1% inférieure l'agriculture par habitant en Afrique (112,2 US$).

La croissance de l'agriculture au Maroc était de 1% dans les années 1970, se classant au 136ème rang mondial. La croissance de l'agriculture au Maroc (1,0%) a été inférieure à celle du monde (2,2%), et inférieure à celle de l'Afrique (1,7%).

Comparaison avec les voisins. La valeur de l'agriculture au Maroc était supérieure à celle de l'Algérie (1,5 milliards de dollars) et de la Mauritanie (304,8 millions de dollars); mais inférieure à celle de l'Espagne (8,7 milliards de dollars). L'agriculture par habitant au Maroc était supérieure à celle de l'Algérie (90,6 de dollars); mais inférieure à celle de l'Espagne (245,2 de dollars) et de la Mauritanie (231,8 de dollars). La croissance de l'agriculture au Maroc était supérieure à celle de la Mauritanie (-3,0%); mais inférieure à celle de l'Espagne (2,6%) et de l'Algérie (2,4%).

Comparaison avec les leaders. Le secteur de l'agriculture au Maroc était inférieur à celui de l'URSS (88,7 milliards de dollars), de la Chine (49,5 milliards de dollars), des États-Unis (42,6 milliards de dollars), de l'Inde (36,0 milliards de dollars) et du Japon (25,8 milliards de dollars). L'agriculture par habitant au Maroc était supérieure à celle de l'Inde (58,3 de dollars) et de la Chine (54,2 de dollars); mais inférieure à celle de l'URSS (351,8 de dollars), du Japon (231,3 de dollars) et des États-Unis (195,0 de dollars). La croissance de l'agriculture au Maroc était supérieure à celle du Japon (0,52%), des États-Unis (0,34%) et de l'Inde (0,30%); mais inférieure à celle de l'URSS (7,0%) et de la Chine (2,4%).

Les années 1980

Le secteur de l'agriculture au Maroc était de 3,0 milliards de dollars par an dans les années 1980, au 50ème rang mondial à égalité avec la Syrie (3,0 milliards de dollars), l'Équateur (3,1 milliards de dollars), le Danemark (3,1 milliards de dollars). La part dans le monde était de 0,34% et de 3,5% en Afrique.

La part de l'agriculture dans l'économie du Maroc était de 17,5% dans les années 1980, au 72ème rang mondial, à égalité avec les Tuvalu (17,6%), le Groenland (17,5%).

L'agriculture par habitant au Maroc était de 136.9 dollars dans les années 1980, se situant au 118ème rang mondial, à égalité avec le Niger (137,0 de dollars), l'Afrique du Nord (137,8 de dollars), le Rwanda (138,7 de dollars). L'agriculture par habitant au Maroc était 26,6% inférieure l'agriculture par habitant au Monde (186,6 US$), et 14,0% inférieure l'agriculture par habitant en Afrique (159,2 US$).

La croissance de l'agriculture au Maroc était de 4.9% dans les années 1980, se classant au 27ème rang mondial, à égalité avec la Tchécoslovaquie (4,9%). La croissance de l'agriculture au Maroc (4,9%) a été supérieure à celle du monde (3,1%), et supérieure à celle de l'Afrique (2,8%).

Comparaison avec les voisins. La valeur de l'agriculture au Maroc était supérieure à celle de la Mauritanie (685,7 millions de dollars); mais inférieure à celle de l'Espagne (13,5 milliards de dollars) et de l'Algérie (4,9 milliards de dollars). L'agriculture par habitant au Maroc était inférieure à celle de la Mauritanie (390,2 de dollars), de l'Espagne (350,5 de dollars) et de l'Algérie (219,4 de dollars). La croissance de l'agriculture au Maroc était supérieure à celle de l'Algérie (4,7%), de l'Espagne (2,4%) et de la Mauritanie (0,060%).

Comparaison avec les leaders. La valeur ajoutée de l'agriculture au Maroc était inférieure à celle de l'URSS (125,8 milliards de dollars), de la Chine (94,9 milliards de dollars), de l'Inde (70,4 milliards de dollars), des États-Unis (68,7 milliards de dollars) et du Japon (49,7 milliards de dollars). L'agriculture par habitant au Maroc était supérieure à celle de l'Inde (90,7 de dollars) et de la Chine (88,5 de dollars); mais inférieure à celle de l'URSS (457,2 de dollars), du Japon (410,0 de dollars) et des États-Unis (286,8 de dollars). La croissance de l'agriculture au Maroc était supérieure à celle de l'Inde (4,4%), des États-Unis (3,7%), de l'URSS (2,8%) et du Japon (0,41%); mais inférieure à celle de la Chine (5,3%).

Les années 1990

L'agriculture du Maroc était de 5,7 milliards de dollars par an dans les années 1990, au 36ème rang mondial à égalité avec l'Afrique australe (5,8 milliards de dollars), la Roumanie (5,8 milliards de dollars). La part dans le monde était de 0,50% et de 6,0% en Afrique.

La part de l'agriculture dans l'économie du Maroc était de 17,6% dans les années 1990, au 79ème rang mondial, à égalité avec les Philippines (17,6%), le Groenland (17,5%).

L'agriculture par habitant au Maroc était de 215.1 dollars dans les années 1990, se classant au 95ème rang mondial, à égalité avec l'Ukraine (215,3 de dollars), la Côte d'Ivoire (214,7 de dollars), Saint-Christophe-et-Niévès (217,3 de dollars). L'agriculture par habitant au Maroc était 7,6% supérieure l'agriculture par habitant au Monde (199,8 US$), et 59,9% supérieure l'agriculture par habitant en Afrique (134,5 US$).

La croissance de l'agriculture au Maroc était de -1.1% dans les années 1990, se situant au 160ème rang mondial, à égalité avec les Kiribati (-1,1%). La croissance de l'agriculture au Maroc (-1,1%) a été inférieure à celle du monde (2,2%), et inférieure à celle de l'Afrique (2,8%).

Comparaison avec les voisins. L'agriculture du Maroc était supérieure à celle de l'Algérie (5,2 milliards de dollars) et de la Mauritanie (693,7 millions de dollars); mais inférieure à celle de l'Espagne (24,8 milliards de dollars). L'agriculture par habitant au Maroc était supérieure à celle de l'Algérie (184,2 de dollars); mais inférieure à celle de l'Espagne (623,0 de dollars) et de la Mauritanie (303,0 de dollars). La croissance de l'agriculture au Maroc était inférieure à celle de l'Algérie (3,4%), de l'Espagne (3,0%) et de la Mauritanie (0,59%).

Comparaison avec les leaders. La valeur de l'agriculture au Maroc était inférieure à celle de la Chine (139,0 milliards de dollars), des États-Unis (96,1 milliards de dollars), de l'Inde (91,4 milliards de dollars), du Japon (78,9 milliards de dollars) et du Brésil (36,8 milliards de dollars). L'agriculture par habitant au Maroc était supérieure à celle de la Chine (112,7 de dollars) et de l'Inde (95,6 de dollars); mais inférieure à celle du Japon (625,5 de dollars), des États-Unis (363,4 de dollars) et du Brésil (228,7 de dollars). La croissance de l'agriculture au Maroc était supérieure à celle du Japon (-1,8%); mais inférieure à celle de la Chine (4,3%), du Brésil (3,0%), de l'Inde (2,8%) et des États-Unis (2,6%).

Les années 2000

Le secteur de l'agriculture au Maroc était de 7,9 milliards de dollars par an dans les années 2000, se classant au 36ème rang mondial à égalité avec l'Ouzbékistan (7,9 milliards de dollars). La part dans le monde était de 0,51% et de 4,8% en Afrique.

La part de l'agriculture dans l'économie du Maroc était de 14,0% dans les années 2000, se classant au 69ème rang mondial, à égalité avec le Kosovo (14,0%), la Zambie (13,9%), la Mélanésie (13,9%).

L'agriculture par habitant au Maroc était de 260.4 dollars dans les années 2000, se classant au 93ème rang mondial, à égalité avec les Kiribati (260,2 de dollars), l'Asie centrale (262,0 de dollars), la Colombie (258,3 de dollars). L'agriculture par habitant au Maroc était 8,4% supérieure l'agriculture par habitant au Monde (240,3 US$), et 43,1% supérieure l'agriculture par habitant en Afrique (182,0 US$).

La croissance de l'agriculture au Maroc était de 6.2% dans les années 2000, se classant au 16ème rang mondial, à égalité avec l'Azerbaïdjan (6,2%), l'Éthiopie (6,2%). La croissance de l'agriculture au Maroc (6,2%) a été supérieure à celle du monde (3,0%), et supérieure à celle de l'Afrique (5,1%).

Chapitre IV. Agriculture

Comparaison avec les voisins. La valeur ajoutée de l'agriculture au Maroc était supérieure à celle de la Mauritanie (627,3 millions de dollars); mais inférieure à celle de l'Espagne (30,6 milliards de dollars) et de l'Algérie (8,1 milliards de dollars). L'agriculture par habitant au Maroc était supérieure à celle de l'Algérie (245,5 de dollars) et de la Mauritanie (209,6 de dollars); mais inférieure à celle de l'Espagne (700,2 de dollars). La croissance de l'agriculture au Maroc était supérieure à celle de l'Algérie (5,9%), de l'Espagne (0,58%) et de la Mauritanie (-0,21%).

Comparaison avec les leaders. L'agriculture du Maroc était inférieure à celle de la Chine (297,7 milliards de dollars), de l'Inde (147,6 milliards de dollars), des États-Unis (122,5 milliards de dollars), du Japon (57,1 milliards de dollars) et du Nigeria (47,6 milliards de dollars). L'agriculture par habitant au Maroc était supérieure à celle de la Chine (224,5 de dollars) et de l'Inde (129,7 de dollars); mais inférieure à celle du Japon (445,6 de dollars), des États-Unis (416,9 de dollars) et du Nigeria (346,4 de dollars). La croissance de l'agriculture au Maroc était supérieure à celle de la Chine (4,0%), des États-Unis (3,6%), de l'Inde (2,0%) et du Japon (-1,3%); mais inférieure à celle du Nigeria (10,1%).

Les années 2010

Le secteur de l'agriculture au Maroc était de 13,2 milliards de dollars par an dans les années 2010, se situant au 40ème rang mondial à égalité avec le Pérou (13,4 milliards de dollars). La part dans le monde était de 0,42% et de 3,8% en Afrique.

La part de l'agriculture dans l'économie du Maroc était de 13,9% dans les années 2010, se situant au 65ème rang mondial.

L'agriculture par habitant au Maroc était de 384.5 dollars dans les années 2010, au 92ème rang mondial, à égalité avec la Namibie (388,0 de dollars), les Samoa (388,7 de dollars), l'Eswatini (379,3 de dollars). L'agriculture par habitant au Maroc était 11,0% inférieure l'agriculture par habitant au Monde (432,1 US$), et 30,7% supérieure l'agriculture par habitant en Afrique (294,3 US$).

La croissance de l'agriculture au Maroc était de 2% dans les années 2010, se situant au 105ème rang mondial, à égalité avec la Malaisie (2,0%), le Kazakhstan (2,0%), l'Europe du Nord (2,0%). La croissance de l'agriculture au Maroc (2,0%) a été inférieure à celle du monde (2,9%), et inférieure à celle de l'Afrique (3,7%).

Comparaison avec les voisins. La valeur ajoutée de l'agriculture au Maroc était 10,7 fois supérieure à celle de la Mauritanie (1,2 milliards de dollars); mais 2,7 fois inférieure à celle de l'Espagne (35,2 milliards de dollars) et 30,9% inférieure à celle de l'Algérie (19,2 milliards de dollars). L'agriculture par habitant au Maroc était 24,7% supérieure à celle de la Mauritanie (308,4 de dollars); mais 48,8% inférieure à celle de l'Espagne (751,0 de dollars) et 20,9% inférieure à celle de l'Algérie (486,2 de dollars). La croissance de l'agriculture au Maroc était inférieure à celle de l'Algérie (4,9%), de la Mauritanie (2,3%) et de l'Espagne (2,0%).

Comparaison avec les leaders. L'agriculture du Maroc était 67,0 fois inférieure à celle de la Chine (886,2 milliards de dollars), 27,5 fois inférieure à celle de l'Inde (363,4 milliards de dollars), 13,6 fois inférieure à celle des États-Unis (180,3 milliards de dollars), 9,4 fois inférieure à celle de l'Indonésie (124,1 milliards de dollars) et 7,2 fois inférieure à celle du Nigeria (95,8 milliards de dollars). L'agriculture par habitant au Maroc était 37,8% supérieure à celle de l'Inde (279,1 de dollars); mais 39,1% inférieure à celle de la Chine (631,9 de dollars), 31,9% inférieure à celle des États-Unis (564,3 de dollars), 28,1% inférieure à celle du Nigeria (534,6 de dollars) et 20,5% inférieure à celle de l'Indonésie (483,6 de dollars). La croissance de l'agriculture au Maroc était inférieure à celle de l'Inde (4,1%), de l'Indonésie (3,9%), de la Chine (3,8%), du Nigeria (3,6%) et des États-Unis (2,0%).

Chapitre V. Industrie

Exploitation minière, fabrication, services publics (ISIC C-E)

La valeur ajoutée de l'industrie au Maroc est passé de 2,3 milliards de dollars par an dans les années 1970 à 21,8 milliards de dollars par an dans les années 2010, c'est-à-dire 19,4 milliards de dollars ou de 9,3 fois. La variation a été de 10,1 milliards de dollars en raison de l'augmentation de 1,9 fois des prix, et de 7,1 milliards de dollars en raison de la croissance de productivité de 2,6 fois, et de 2,2 milliards de dollars en raison de la croissance démographique. La croissance annuelle moyenne de l'industrie était de 4,3%. La valeur minimale était de 969,6 millions de dollars en 1970. La valeur maximale était de 24,2 milliards de dollars en 2018.

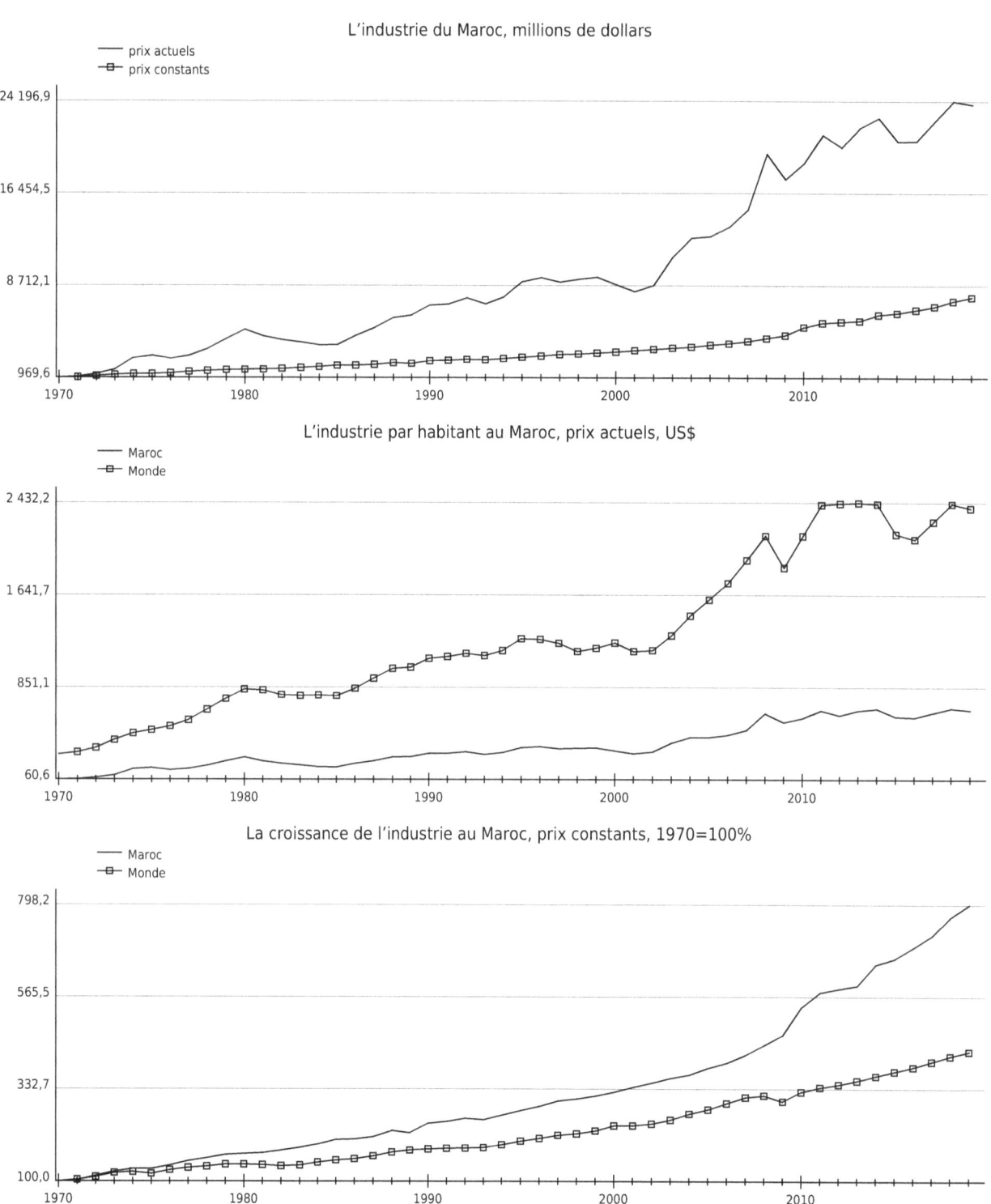

Chapitre V. Industrie

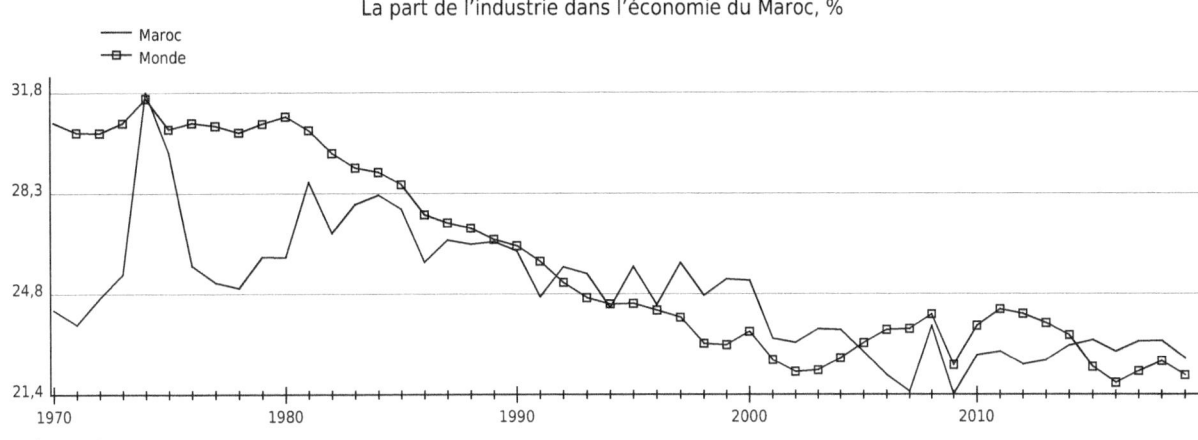

La part de l'industrie dans l'économie du Maroc, %

Les années 1970

L'industrie du Maroc était de 2,3 milliards de dollars par an dans les années 1970, se situant au 56ème rang mondial. La part dans le monde était de 0,12% et de 3,1% en Afrique.

La part de l'industrie dans l'économie du Maroc était de 26,4% dans les années 1970, se classant au 73ème rang mondial, à égalité avec les Pays-Bas (26,5%), la Mongolie (26,5%), la Norvège (26,5%).

L'industrie par habitant au Maroc était de 132.1 dollars dans les années 1970, se classant au 102ème rang mondial. L'industrie par habitant au Maroc était 3,6 fois inférieure l'industrie par habitant au Monde (480,5 US$), et 27,1% inférieure l'industrie par habitant en Afrique (181,2 US$).

La croissance de l'industrie au Maroc était de 5.8% dans les années 1970, se situant au 70ème rang mondial, à égalité avec le Burundi (5,8%), les Kiribati (5,8%). La croissance de l'industrie au Maroc (5,8%) a été supérieure à celle du monde (4,0%), et supérieure à celle de l'Afrique (5,5%).

Comparaison avec les voisins. La valeur ajoutée de l'industrie au Maroc était supérieure à celle de la Mauritanie (226,9 millions de dollars); mais inférieure à celle de l'Espagne (29,8 milliards de dollars) et de l'Algérie (5,8 milliards de dollars). L'industrie par habitant au Maroc était inférieure à celle de l'Espagne (836,9 de dollars), de l'Algérie (354,7 de dollars) et de la Mauritanie (172,5 de dollars). La croissance de l'industrie au Maroc était supérieure à celle de l'Espagne (5,1%), de l'Algérie (3,9%) et de la Mauritanie (-2,1%).

Comparaison avec les leaders. L'industrie du Maroc était inférieure à celle des États-Unis (450,4 milliards de dollars), de l'URSS (248,8 milliards de dollars), du Japon (185,6 milliards de dollars), de l'Allemagne (158,4 milliards de dollars) et du Royaume-Uni (72,6 milliards de dollars). L'industrie par habitant au Maroc était inférieure à celle des États-Unis (2 063,8 de dollars), de l'Allemagne (2 011,9 de dollars), du Japon (1 666,5 de dollars), du Royaume-Uni (1 295,1 de dollars) et de l'URSS (986,6 de dollars). La croissance de l'industrie au Maroc était supérieure à celle de l'URSS (5,2%), du Japon (4,5%), des États-Unis (2,4%), de l'Allemagne (2,1%) et du Royaume-Uni (1,9%).

Les années 1980

La valeur ajoutée de l'industrie au Maroc était de 4,7 milliards de dollars par an dans les années 1980, au 60ème rang mondial. La part dans le monde était de 0,11% et de 3,0% en Afrique.

La part de l'industrie dans l'économie du Maroc était de 27,0% dans les années 1980, au 58ème rang mondial, à égalité avec l'Europe du Nord (27,1%), l'Europe du Sud (27,1%), Maurice (27,0%).

L'industrie par habitant au Maroc était de 211.2 dollars dans les années 1980, au 109ème rang mondial, à égalité avec la Mélanésie (214,9 de dollars), Sainte-Lucie (206,0 de dollars). L'industrie par habitant au Maroc était 4,1 fois inférieure l'industrie par habitant au Monde (861,8 US$), et 26,8% inférieure l'industrie par habitant en Afrique (288,5 US$).

La croissance de l'industrie au Maroc était de 2.9% dans les années 1980, se classant au 91ème rang mondial, à égalité avec l'Australasie (2,9%), l'Amérique centrale (2,9%). La croissance de l'industrie au Maroc (2,9%) a été supérieure à celle du monde (2,3%), et supérieure à celle de l'Afrique (-0,99%).

Comparaison avec les voisins. Le secteur de l'industrie au Maroc était supérieur à celui de la Mauritanie (461,4 millions de dollars);

mais inférieur à celui de l'Espagne (62,9 milliards de dollars) et de l'Algérie (18,9 milliards de dollars). L'industrie par habitant au Maroc était inférieure à celle de l'Espagne (1 630,8 de dollars), de l'Algérie (854,7 de dollars) et de la Mauritanie (262,6 de dollars). La croissance de l'industrie au Maroc était supérieure à celle de l'Espagne (2,0%) et de l'Algérie (1,9%); mais inférieure à celle de la Mauritanie (6,1%).

Comparaison avec les leaders. L'industrie du Maroc était inférieure à celle des États-Unis (1,0 billions de dollars), du Japon (566,4 milliards de dollars), de l'URSS (305,7 milliards de dollars), de l'Allemagne (297,5 milliards de dollars) et du Royaume-Uni (171,2 milliards de dollars). L'industrie par habitant au Maroc était inférieure à celle du Japon (4 670,2 de dollars), des États-Unis (4 176,6 de dollars), de l'Allemagne (3 812,7 de dollars), du Royaume-Uni (3 032,7 de dollars) et de l'URSS (1 110,8 de dollars). La croissance de l'industrie au Maroc était supérieure à celle des États-Unis (1,9%), du Royaume-Uni (1,4%) et de l'Allemagne (1,2%); mais inférieure à celle de l'URSS (5,3%) et du Japon (4,2%).

Les années 1990

Le secteur de l'industrie au Maroc était de 8,3 milliards de dollars par an dans les années 1990, se situant au 57ème rang mondial. La part dans le monde était de 0,12% et de 5,2% en Afrique.

La part de l'industrie dans l'économie du Maroc était de 25,3% dans les années 1990, se situant au 77ème rang mondial, à égalité avec le Pérou (25,4%), le Kirghizistan (25,4%), Maurice (25,4%).

L'industrie par habitant au Maroc était de 309.6 dollars dans les années 1990, au 117ème rang mondial, à égalité avec le Salvador (310,2 de dollars), la Macédoine du Nord (308,6 de dollars), Saint-Vincent-et-les-Grenadines (307,5 de dollars). L'industrie par habitant au Maroc était 3,8 fois inférieure l'industrie par habitant au Monde (1 175,6 US$), et 39,0% supérieure l'industrie par habitant en Afrique (222,8 US$).

La croissance de l'industrie au Maroc était de 3.6% dans les années 1990, au 82ème rang mondial, à égalité avec l'Amérique centrale (3,6%), l'Irak (3,6%), Trinité-et-Tobago (3,6%). La croissance de l'industrie au Maroc (3,6%) a été supérieure à celle du monde (2,5%), et supérieure à celle de l'Afrique (1,3%).

Comparaison avec les voisins. Le secteur de l'industrie au Maroc était supérieur à celui de la Mauritanie (643,4 millions de dollars); mais inférieur à celui de l'Espagne (119,2 milliards de dollars) et de l'Algérie (17,7 milliards de dollars). L'industrie par habitant au Maroc était supérieure à celle de la Mauritanie (281,0 de dollars); mais inférieure à celle de l'Espagne (2 999,3 de dollars) et de l'Algérie (622,9 de dollars). La croissance de l'industrie au Maroc était supérieure à celle de l'Espagne (2,3%) et de l'Algérie (1,9%); mais inférieure à celle de la Mauritanie (4,1%).

Comparaison avec les leaders. La valeur de l'industrie au Maroc était inférieure à celle des États-Unis (1,5 billions de dollars), du Japon (1,2 billions de dollars), de l'Allemagne (534,0 milliards de dollars), de la Chine (285,9 milliards de dollars) et du Royaume-Uni (268,6 milliards de dollars). L'industrie par habitant au Maroc était supérieure à celle de la Chine (231,9 de dollars); mais inférieure à celle du Japon (9 400,9 de dollars), de l'Allemagne (6 621,6 de dollars), des États-Unis (5 704,4 de dollars) et du Royaume-Uni (4 639,8 de dollars). La croissance de l'industrie au Maroc était supérieure à celle des États-Unis (2,8%), du Japon (1,3%), du Royaume-Uni (1,2%) et de l'Allemagne (0,33%); mais inférieure à celle de la Chine (13,1%).

Les années 2000

L'industrie du Maroc était de 12,8 milliards de dollars par an dans les années 2000, se classant au 62ème rang mondial à égalité avec la Slovaquie (12,8 milliards de dollars). La part dans le monde était de 0,13% et de 4,0% en Afrique.

La part de l'industrie dans l'économie du Maroc était de 22,8% dans les années 2000, au 88ème rang mondial, à égalité avec la Côte d'Ivoire (22,8%), la République dominicaine (22,8%), le Nigeria (22,8%).

L'industrie par habitant au Maroc était de 423.8 dollars dans les années 2000, au 131ème rang mondial, à égalité avec Montserrat (434,2 de dollars). L'industrie par habitant au Maroc était 3,7 fois inférieure l'industrie par habitant au Monde (1 573,8 US$), et 20,2% supérieure l'industrie par habitant en Afrique (352,5 US$).

La croissance de l'industrie au Maroc était de 4% dans les années 2000, au 64ème rang mondial, à égalité avec le Koweït (4,0%), la Somalie (4,0%), le Liban (4,0%). La croissance de l'industrie au Maroc (4,0%) a été supérieure à celle du monde (2,9%), et supérieure à celle de l'Afrique (3,1%).

Comparaison avec les voisins. Le secteur de l'industrie au Maroc était supérieur à celui de la Mauritanie (966,6 millions de dollars);

Chapitre V. Industrie

mais inférieur à celui de l'Espagne (179,3 milliards de dollars) et de l'Algérie (45,9 milliards de dollars). L'industrie par habitant au Maroc était supérieure à celle de la Mauritanie (322,9 de dollars); mais inférieure à celle de l'Espagne (4 104,7 de dollars) et de l'Algérie (1 389,0 de dollars). La croissance de l'industrie au Maroc était supérieure à celle de l'Algérie (1,2%), de l'Espagne (0,73%) et de la Mauritanie (-0,24%).

Comparaison avec les leaders. La valeur ajoutée de l'industrie au Maroc était inférieure à celle des États-Unis (2,1 billions de dollars), du Japon (1,1 billions de dollars), de la Chine (1,1 billions de dollars), de l'Allemagne (629,4 milliards de dollars) et du Royaume-Uni (345,1 milliards de dollars). L'industrie par habitant au Maroc était inférieure à celle du Japon (8 848,8 de dollars), de l'Allemagne (7 732,1 de dollars), des États-Unis (7 144,5 de dollars), du Royaume-Uni (5 710,8 de dollars) et de la Chine (795,3 de dollars). La croissance de l'industrie au Maroc était supérieure à celle des États-Unis (1,5%), de l'Allemagne (0,19%), du Japon (0,15%) et du Royaume-Uni (-1,1%); mais inférieure à celle de la Chine (11,1%).

Les années 2010

La valeur de l'industrie au Maroc était de 21,8 milliards de dollars par an dans les années 2010, se classant au 66ème rang mondial à égalité avec la Slovaquie (21,9 milliards de dollars), l'Équateur (22,3 milliards de dollars). La part dans le monde était de 0,13% et de 3,8% en Afrique.

La part de l'industrie dans l'économie du Maroc était de 22,9% dans les années 2010, se situant au 80ème rang mondial, à égalité avec le Japon (22,9%), le Monde (23,0%), l'Argentine (22,8%).

L'industrie par habitant au Maroc était de 632.6 dollars dans les années 2010, se classant au 134ème rang mondial, à égalité avec Sainte-Lucie (641,2 de dollars), la Jamaïque (624,0 de dollars), l'Ukraine (642,8 de dollars). L'industrie par habitant au Maroc était 3,7 fois inférieure l'industrie par habitant au Monde (2 320,9 US$), et 29,3% supérieure l'industrie par habitant en Afrique (489,1 US$).

La croissance de l'industrie au Maroc était de 5.5% dans les années 2010, se situant au 47ème rang mondial, à égalité avec la Slovaquie (5,5%), l'Ouganda (5,5%). La croissance de l'industrie au Maroc (5,5%) a été supérieure à celle du monde (3,5%), et supérieure à celle de l'Afrique (0,035%).

Comparaison avec les voisins. La valeur de l'industrie au Maroc était 12,2 fois supérieure à celle de la Mauritanie (1,8 milliards de dollars); mais 9,2 fois inférieure à celle de l'Espagne (200,6 milliards de dollars) et 2,7 fois inférieure à celle de l'Algérie (58,6 milliards de dollars). L'industrie par habitant au Maroc était 41,9% supérieure à celle de la Mauritanie (445,9 de dollars); mais 6,8 fois inférieure à celle de l'Espagne (4 285,0 de dollars) et 2,4 fois inférieure à celle de l'Algérie (1 487,5 de dollars). La croissance de l'industrie au Maroc était supérieure à celle de la Mauritanie (0,81%), de l'Espagne (0,76%) et de l'Algérie (-1,1%).

Comparaison avec les leaders. La valeur ajoutée de l'industrie au Maroc était 169,2 fois inférieure à celle de la Chine (3,7 billions de dollars), 125,9 fois inférieure à celle des États-Unis (2,7 billions de dollars), 54,7 fois inférieure à celle du Japon (1,2 billions de dollars), 38,6 fois inférieure à celle de l'Allemagne (840,0 milliards de dollars) et 20,4 fois inférieure à celle de l'Inde (443,4 milliards de dollars). L'industrie par habitant au Maroc était 85,8% supérieure à celle de l'Inde (340,6 de dollars); mais 16,2 fois inférieure à celle de l'Allemagne (10 261,3 de dollars), 14,7 fois inférieure à celle du Japon (9 305,3 de dollars), 13,6 fois inférieure à celle des États-Unis (8 581,2 de dollars) et 4,2 fois inférieure à celle de la Chine (2 626,2 de dollars). La croissance de l'industrie au Maroc était supérieure à celle de l'Allemagne (3,2%), du Japon (2,6%) et des États-Unis (2,2%); mais inférieure à celle de la Chine (7,5%) et de l'Inde (6,5%).

Chapitre 5.1. Fabrication

(ISIC D)

La valeur de la fabrication au Maroc est passé de 1,8 milliards de dollars par an dans les années 1970 à 16,6 milliards de dollars par an dans les années 2010, c'est-à-dire 14,8 milliards de dollars ou de 9,4 fois. La variation a été de 8,0 milliards de dollars en raison de l'augmentation de 1,9 fois des prix, et de 5,1 milliards de dollars en raison de la croissance de productivité de 2,5 fois, et de 1,7 milliards de dollars en raison de la croissance démographique. La croissance annuelle moyenne de la fabrication était de 4,2%. La valeur minimale était de 790,8 millions de dollars en 1970. La valeur maximale était de 18,5 milliards de dollars en 2018.

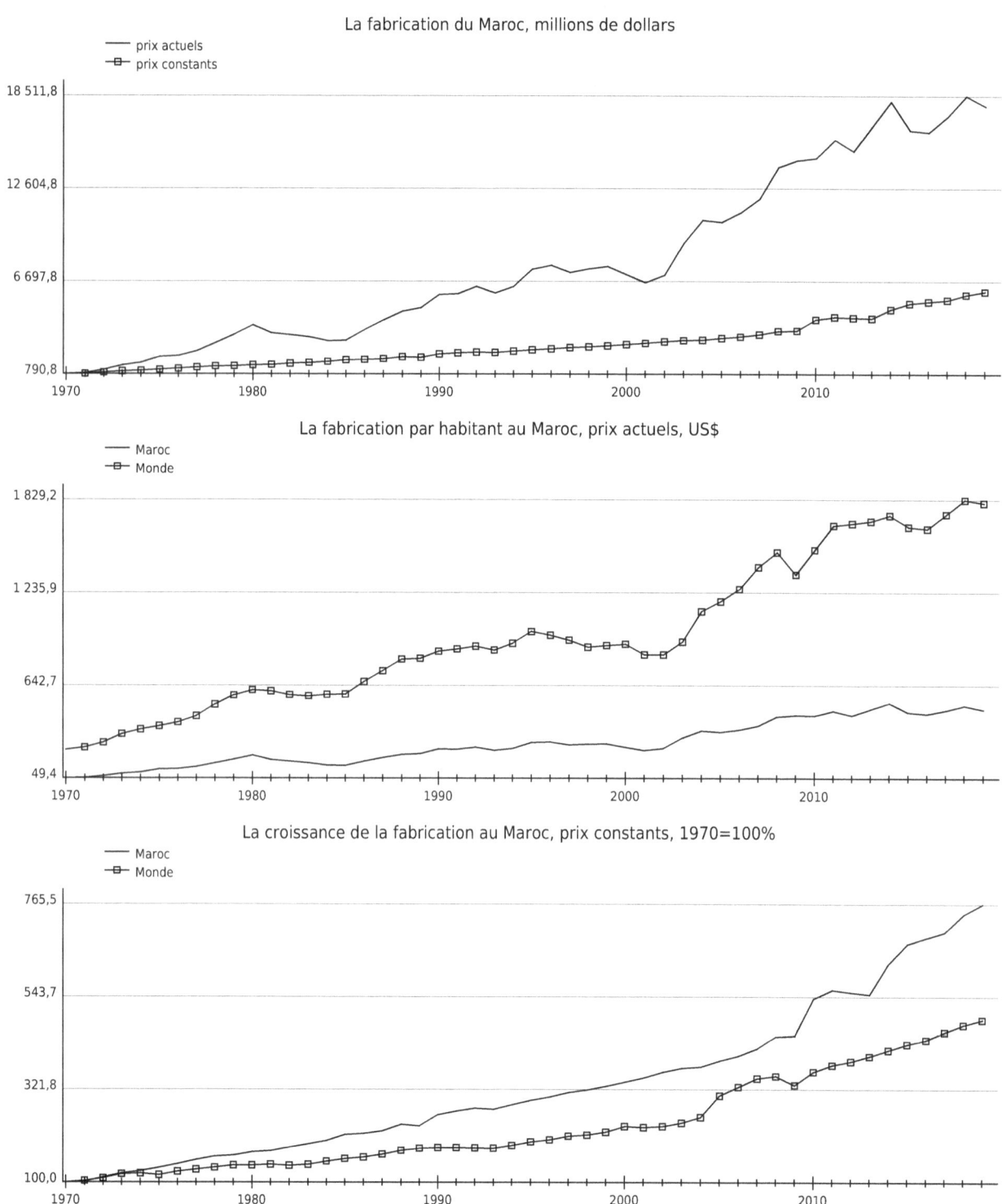

Chapitre 5.1. Fabrication

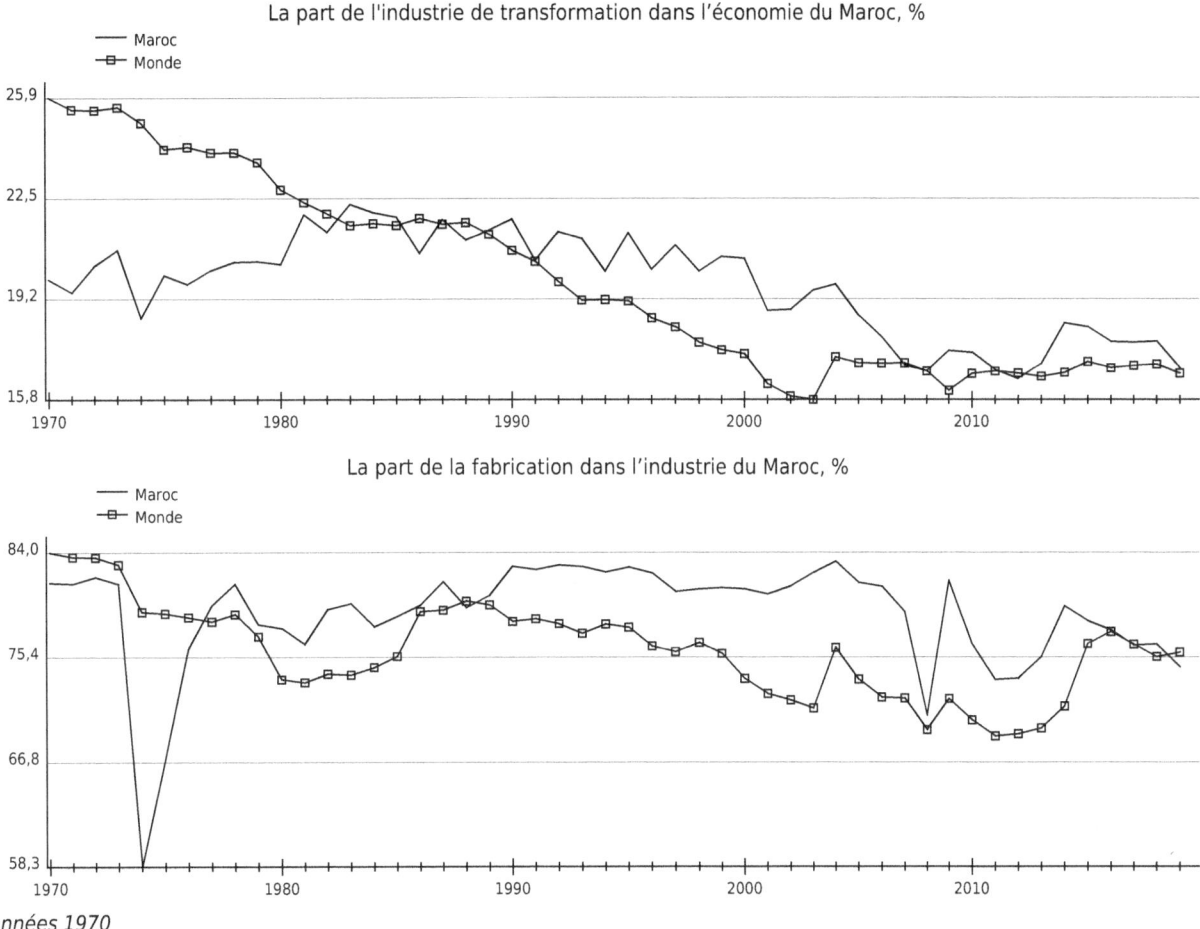

Les années 1970

Le secteur de l'industrie de transformation au Maroc était de 1,8 milliards de dollars par an dans les années 1970, se situant au 50ème rang mondial. La part dans le monde était de 0,11% et de 4,3% en Afrique.

La part de l'industrie de transformation dans l'économie du Maroc était de 20,0% dans les années 1970, au 50ème rang mondial, à égalité avec le Sénégal (20,0%), l'Australie (20,1%), le Mexique (19,9%).

La fabrication par habitant au Maroc était de 100.2 dollars dans les années 1970, se classant au 93ème rang mondial, à égalité avec l'Afrique (99,3 de dollars), la Namibie (101,7 de dollars), les Îles Caïmans (101,8 de dollars). La fabrication par habitant au Maroc était 3,8 fois inférieure la fabrication par habitant au Monde (383,2 US$), et 0,82% supérieure la fabrication par habitant en Afrique (99,3 US$).

La croissance de la fabrication au Maroc était de 5.7% dans les années 1970, au 76ème rang mondial, à égalité avec l'Asie (5,6%), l'Afrique du Nord (5,6%), la Micronésie (5,6%). La croissance de l'industrie de transformation au Maroc (5,7%) a été supérieure à celle du monde (3,8%), et supérieure à celle de l'Afrique (4,9%).

Comparaison avec les voisins. Le secteur de la fabrication au Maroc était supérieur à celui de l'Algérie (1,5 milliards de dollars) et de la Mauritanie (43,3 millions de dollars); mais inférieur à celui de l'Espagne (24,7 milliards de dollars). La fabrication par habitant au Maroc était supérieure à celle de l'Algérie (88,7 de dollars) et de la Mauritanie (32,9 de dollars); mais inférieure à celle de l'Espagne (692,0 de dollars). La croissance de la fabrication au Maroc était supérieure à celle de l'Espagne (5,1%) et de la Mauritanie (4,3%); mais inférieure à celle de l'Algérie (8,7%).

Comparaison avec les leaders. La valeur ajoutée de la fabrication au Maroc était inférieure à celle des États-Unis (378,0 milliards de dollars), de l'URSS (248,8 milliards de dollars), du Japon (169,3 milliards de dollars), de l'Allemagne (138,0 milliards de dollars) et de la France (64,5 milliards de dollars). La fabrication par habitant au Maroc était inférieure à celle de l'Allemagne (1 752,1 de dollars), des États-Unis (1 731,8 de dollars), du Japon (1 520,6 de dollars), de la France (1 203,0 de dollars) et de l'URSS (986,6 de dollars). La croissance de la fabrication au Maroc était supérieure à celle de l'URSS (5,2%), du Japon (4,5%), de la France (3,5%), des États-Unis (2,7%) et de l'Allemagne (2,1%).

Les années 1980

La fabrication du Maroc était de 3,7 milliards de dollars par an dans les années 1980, au 52ème rang mondial. La part dans le monde était de 0,12% et de 4,4% en Afrique.

La part de la fabrication dans l'économie du Maroc était de 21,4% dans les années 1980, se situant au 39ème rang mondial, à égalité avec le Ghana (21,4%), la Suisse (21,4%), l'Asie (21,5%).

La fabrication par habitant au Maroc était de 167.4 dollars dans les années 1980, se situant au 97ème rang mondial, à égalité avec le Guyana (167,1 de dollars), le Guatemala (168,6 de dollars). La fabrication par habitant au Maroc était 3,9 fois inférieure la fabrication par habitant au Monde (661,2 US$), et 6,2% supérieure la fabrication par habitant en Afrique (157,6 US$).

La croissance de l'industrie de transformation au Maroc était de 3.6% dans les années 1980, au 78ème rang mondial, à égalité avec Porto Rico (3,7%). La croissance de la fabrication au Maroc (3,6%) a été supérieure à celle du monde (2,6%), et supérieure à celle de l'Afrique (2,0%).

Comparaison avec les voisins. La fabrication du Maroc était supérieure à celle de la Mauritanie (161,0 millions de dollars); mais inférieure à celle de l'Espagne (52,0 milliards de dollars) et de l'Algérie (6,0 milliards de dollars). La fabrication par habitant au Maroc était supérieure à celle de la Mauritanie (91,6 de dollars); mais inférieure à celle de l'Espagne (1 348,4 de dollars) et de l'Algérie (272,9 de dollars). La croissance de l'industrie de transformation au Maroc était supérieure à celle de l'Espagne (2,0%); mais inférieure à celle de la Mauritanie (6,3%) et de l'Algérie (4,5%).

Comparaison avec les leaders. La valeur ajoutée de la fabrication au Maroc était inférieure à celle des États-Unis (789,4 milliards de dollars), du Japon (501,0 milliards de dollars), de l'URSS (305,7 milliards de dollars), de l'Allemagne (258,7 milliards de dollars) et de l'Italie (134,1 milliards de dollars). La fabrication par habitant au Maroc était inférieure à celle du Japon (4 131,0 de dollars), de l'Allemagne (3 316,0 de dollars), des États-Unis (3 296,4 de dollars), de l'Italie (2 359,9 de dollars) et de l'URSS (1 110,8 de dollars). La croissance de l'industrie de transformation au Maroc était supérieure à celle de l'Italie (2,5%), des États-Unis (1,9%) et de l'Allemagne (1,2%); mais inférieure à celle de l'URSS (5,3%) et du Japon (4,4%).

Les années 1990

Le secteur de l'industrie de transformation au Maroc était de 6,8 milliards de dollars par an dans les années 1990, se classant au 52ème rang mondial à égalité avec l'Asie centrale (6,8 milliards de dollars). La part dans le monde était de 0,13% et de 7,7% en Afrique.

La part de l'industrie de transformation dans l'économie du Maroc était de 20,8% dans les années 1990, se classant au 47ème rang mondial, à égalité avec l'Asie (20,8%), Malte (20,8%), le Salvador (20,7%).

La fabrication par habitant au Maroc était de 254.3 dollars dans les années 1990, se situant au 100ème rang mondial, à égalité avec les Philippines (254,8 de dollars), le Suriname (255,0 de dollars), le Liban (252,3 de dollars). La fabrication par habitant au Maroc était 3,6 fois inférieure la fabrication par habitant au Monde (908,4 US$), et 2,0 fois supérieure la fabrication par habitant en Afrique (124,8 US$).

La croissance de l'industrie de transformation au Maroc était de 3.4% dans les années 1990, se situant au 77ème rang mondial, à égalité avec l'Asie (3,5%). La croissance de la fabrication au Maroc (3,4%) a été supérieure à celle du monde (2,0%), et supérieure à celle de l'Afrique (0,55%).

Comparaison avec les voisins. La valeur de la fabrication au Maroc était supérieure à celle de l'Algérie (4,5 milliards de dollars) et de la Mauritanie (228,1 millions de dollars); mais inférieure à celle de l'Espagne (99,3 milliards de dollars). La fabrication par habitant au Maroc était supérieure à celle de l'Algérie (158,1 de dollars) et de la Mauritanie (99,6 de dollars); mais inférieure à celle de l'Espagne (2 497,5 de dollars). La croissance de l'industrie de transformation au Maroc était supérieure à celle de l'Espagne (2,5%) et de l'Algérie (-1,3%); mais inférieure à celle de la Mauritanie (4,3%).

Comparaison avec les leaders. La valeur de la fabrication au Maroc était inférieure à celle des États-Unis (1,2 billions de dollars), du Japon (1,0 billions de dollars), de l'Allemagne (468,8 milliards de dollars), de l'Italie (227,8 milliards de dollars) et de la France (215,0 milliards de dollars). La fabrication par habitant au Maroc était inférieure à celle du Japon (8 305,2 de dollars), de l'Allemagne (5 813,5 de dollars), des États-Unis (4 707,3 de dollars), de l'Italie (3 994,1 de dollars) et de la France (3 621,1 de dollars). La croissance de la fabrication au Maroc était supérieure à celle des États-Unis (3,2%), de la France (2,4%), de l'Italie (1,2%), du Japon (1,1%) et de

Chapitre 5.1. Fabrication

l'Allemagne (0,26%).

Les années 2000

La fabrication du Maroc était de 10,2 milliards de dollars par an dans les années 2000, au 54ème rang mondial à égalité avec le Bangladesh (10,1 milliards de dollars). La part dans le monde était de 0,14% et de 7,8% en Afrique.

La part de l'industrie de transformation dans l'économie du Maroc était de 18,2% dans les années 2000, se situant au 47ème rang mondial, à égalité avec la Pologne (18,1%), le Costa Rica (18,1%).

La fabrication par habitant au Maroc était de 337.8 dollars dans les années 2000, au 107ème rang mondial. La fabrication par habitant au Maroc était 3,4 fois inférieure la fabrication par habitant au Monde (1 138,1 US$), et 2,3 fois supérieure la fabrication par habitant en Afrique (144,8 US$).

La croissance de l'industrie de transformation au Maroc était de 3.2% dans les années 2000, se classant au 101ème rang mondial, à égalité avec le Ghana (3,2%). La croissance de l'industrie de transformation au Maroc (3,2%) a été inférieure à celle du monde (4,2%), et inférieure à celle de l'Afrique (3,5%).

Comparaison avec les voisins. Le secteur de la fabrication au Maroc était supérieur à celui de l'Algérie (4,6 milliards de dollars) et de la Mauritanie (266,2 millions de dollars); mais inférieur à celui de l'Espagne (148,2 milliards de dollars). La fabrication par habitant au Maroc était supérieure à celle de l'Algérie (139,4 de dollars) et de la Mauritanie (89,0 de dollars); mais inférieure à celle de l'Espagne (3 394,0 de dollars). La croissance de l'industrie de transformation au Maroc était supérieure à celle de l'Espagne (0,021%) et de la Mauritanie (-0,93%); mais inférieure à celle de l'Algérie (3,8%).

Comparaison avec les leaders. Le secteur de l'industrie de transformation au Maroc était inférieur à celui des États-Unis (1,6 billions de dollars), de la Chine (1,1 billions de dollars), du Japon (992,9 milliards de dollars), de l'Allemagne (551,4 milliards de dollars) et de l'Italie (277,2 milliards de dollars). La fabrication par habitant au Maroc était inférieure à celle du Japon (7 746,3 de dollars), de l'Allemagne (6 773,6 de dollars), des États-Unis (5 600,5 de dollars), de l'Italie (4 780,8 de dollars) et de la Chine (815,3 de dollars). La croissance de la fabrication au Maroc était supérieure à celle des États-Unis (1,6%), du Japon (0,32%), de l'Allemagne (0,097%) et de l'Italie (-1,3%).

Les années 2010

Le secteur de l'industrie de transformation au Maroc était de 16,6 milliards de dollars par an dans les années 2010, se classant au 57ème rang mondial à égalité avec l'Ukraine (16,4 milliards de dollars), le Qatar (16,3 milliards de dollars). La part dans le monde était de 0,13% et de 6,9% en Afrique.

La part de la fabrication dans l'économie du Maroc était de 17,4% dans les années 2010, au 44ème rang mondial, à égalité avec le Mexique (17,4%), l'Asie centrale (17,5%), la Finlande (17,4%).

La fabrication par habitant au Maroc était de 482.5 dollars dans les années 2010, se classant au 109ème rang mondial, à égalité avec l'Égypte (473,1 de dollars). La fabrication par habitant au Maroc était 3,5 fois inférieure la fabrication par habitant au Monde (1 697,4 US$), et 2,3 fois supérieure la fabrication par habitant en Afrique (206,2 US$).

La croissance de la fabrication au Maroc était de 5.5% dans les années 2010, se situant au 39ème rang mondial, à égalité avec l'Est (5,4%), la Malaisie (5,5%). La croissance de la fabrication au Maroc (5,5%) a été supérieure à celle du monde (3,9%), et supérieure à celle de l'Afrique (3,6%).

Comparaison avec les voisins. La fabrication du Maroc était 2,2 fois supérieure à celle de l'Algérie (7,4 milliards de dollars) et 35,8 fois supérieure à celle de la Mauritanie (463,3 millions de dollars); mais 9,2 fois inférieure à celle de l'Espagne (152,2 milliards de dollars). La fabrication par habitant au Maroc était 2,6 fois supérieure à celle de l'Algérie (189,0 de dollars) et 4,2 fois supérieure à celle de la Mauritanie (115,9 de dollars); mais 6,7 fois inférieure à celle de l'Espagne (3 252,0 de dollars). La croissance de l'industrie de transformation au Maroc était supérieure à celle de l'Algérie (3,8%), de la Mauritanie (3,3%) et de l'Espagne (0,66%).

Comparaison avec les leaders. La valeur de la fabrication au Maroc était 187,6 fois inférieure à celle de la Chine (3,1 billions de dollars), 124,7 fois inférieure à celle des États-Unis (2,1 billions de dollars), 63,8 fois inférieure à celle du Japon (1,1 billions de dollars), 44,3 fois inférieure à celle de l'Allemagne (735,2 milliards de dollars) et 23,5 fois inférieure à celle de la Corée du Sud (390,5 milliards de dollars). La fabrication par habitant au Maroc était 18,6 fois inférieure à celle de l'Allemagne (8 981,7 de dollars), 17,2 fois inférieure à celle du Japon (8 286,2 de dollars), 16,0 fois inférieure à celle de la Corée du Sud (7 723,3 de dollars), 13,4 fois inférieure à celle des

États-Unis (6 481,0 de dollars) et 4,6 fois inférieure à celle de la Chine (2 221,3 de dollars). La croissance de la fabrication au Maroc était supérieure à celle de la Corée du Sud (3,8%), de l'Allemagne (3,5%), du Japon (3,0%) et des États-Unis (1,9%); mais inférieure à celle de la Chine (7,5%).

Chapitre VI. Construction

(ISIC F)

La valeur ajoutée de la construction au Maroc est passé de 531,6 millions de dollars par an dans les années 1970 à 5,9 milliards de dollars par an dans les années 2010, c'est-à-dire 5,4 milliards de dollars ou de 11,1 fois. La variation a été de 4,0 milliards de dollars en raison de l'augmentation de 3,2 fois des prix, et de 814,7 millions de dollars en raison de la croissance de productivité de 1,8 fois, et de 503,9 millions de dollars en raison de la croissance démographique. La croissance annuelle moyenne de la construction était de 4,0%. La valeur minimale était de 154,0 millions de dollars en 1970. La valeur maximale était de 6,4 milliards de dollars en 2019.

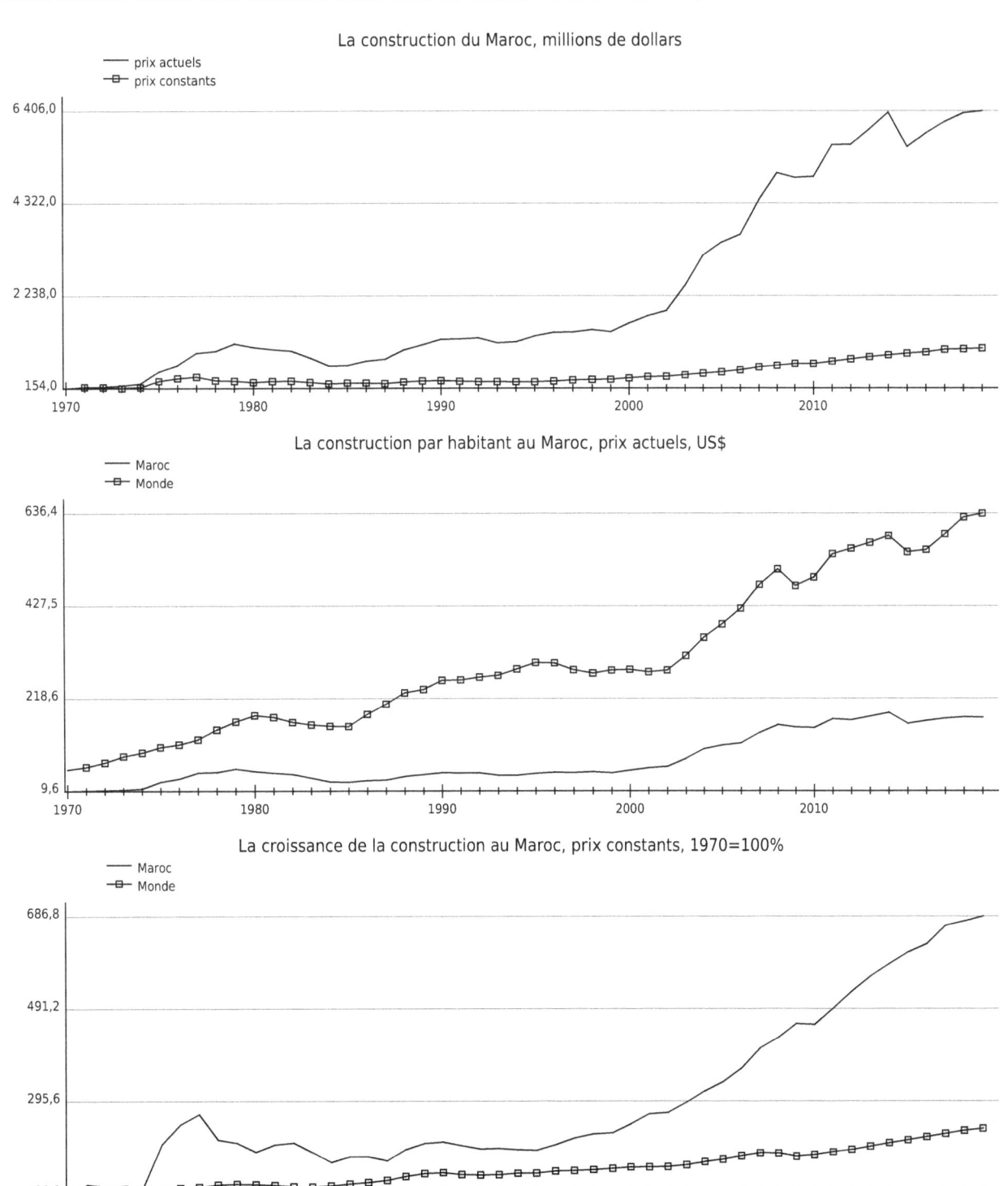

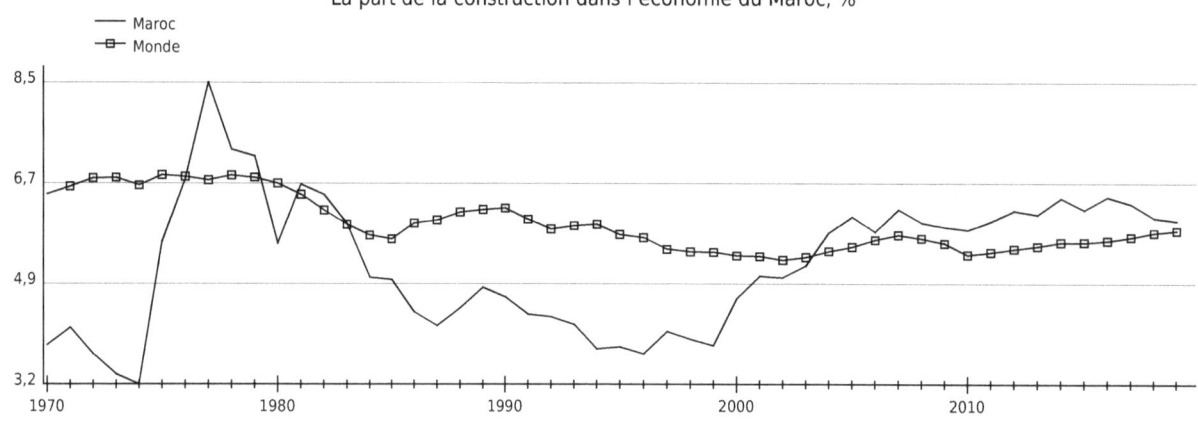
La part de la construction dans l'économie du Maroc, %

Les années 1970

La valeur de la construction au Maroc était de 531,6 millions de dollars par an dans les années 1970, au 54ème rang mondial. La part dans le monde était de 0,12% et de 3,2% en Afrique.

La part de la construction dans l'économie du Maroc était de 6,0% dans les années 1970, se classant au 97ème rang mondial, à égalité avec le Liberia (6,0%), Porto Rico (6,0%), la Corée du Sud (6,0%).

La construction par habitant au Maroc était de 30.1 dollars dans les années 1970, au 120ème rang mondial, à égalité avec Saint-Vincent-et-les-Grenadines (30,2 de dollars), l'Angola (30,3 de dollars), les Philippines (30,4 de dollars). La construction par habitant au Maroc était 3,5 fois inférieure la construction par habitant au Monde (106,1 US$), et 24,6% inférieure la construction par habitant en Afrique (39,9 US$).

La croissance de la construction au Maroc était de 8.5% dans les années 1970, se situant au 44ème rang mondial. La croissance de la construction au Maroc (8,5%) a été supérieure à celle du monde (2,1%), et supérieure à celle de l'Afrique (4,5%).

Comparaison avec les voisins. La valeur ajoutée de la construction au Maroc était supérieure à celle de la Mauritanie (17,4 millions de dollars); mais inférieure à celle de l'Espagne (10,5 milliards de dollars) et de l'Algérie (1,4 milliards de dollars). La construction par habitant au Maroc était supérieure à celle de la Mauritanie (13,2 de dollars); mais inférieure à celle de l'Espagne (295,7 de dollars) et de l'Algérie (87,0 de dollars). La croissance de la construction au Maroc était supérieure à celle de l'Algérie (7,9%), de la Mauritanie (1,4%) et de l'Espagne (0,19%).

Comparaison avec les leaders. La valeur de la construction au Maroc était inférieure à celle des États-Unis (81,1 milliards de dollars), de l'URSS (52,5 milliards de dollars), du Japon (43,5 milliards de dollars), de l'Allemagne (33,8 milliards de dollars) et de la France (22,4 milliards de dollars). La construction par habitant au Maroc était inférieure à celle de l'Allemagne (428,6 de dollars), de la France (417,3 de dollars), du Japon (390,8 de dollars), des États-Unis (371,5 de dollars) et de l'URSS (208,1 de dollars). La croissance de la construction au Maroc était supérieure à celle de l'URSS (6,5%), du Japon (3,4%), de la France (2,0%), de l'Allemagne (0,66%) et des États-Unis (0,31%).

Les années 1980

La valeur de la construction au Maroc était de 904,6 millions de dollars par an dans les années 1980, au 59ème rang mondial. La part dans le monde était de 0,10% et de 3,1% en Afrique.

La part de la construction dans l'économie du Maroc était de 5,2% dans les années 1980, se situant au 109ème rang mondial, à égalité avec l'Asie du Sud-Est (5,2%), le Costa Rica (5,2%), le Nigeria (5,2%).

La construction par habitant au Maroc était de 40.7 dollars dans les années 1980, se classant au 127ème rang mondial. La construction par habitant au Maroc était 4,6 fois inférieure la construction par habitant au Monde (186,2 US$), et 23,6% inférieure la construction par habitant en Afrique (53,3 US$).

La croissance de la construction au Maroc était de -0% dans les années 1980, se situant au 127ème rang mondial. La croissance de la construction au Maroc (-0,048%) a été inférieure à celle du monde (1,7%), et inférieure à celle de l'Afrique (0,41%).

Comparaison avec les voisins. Le secteur de la construction au Maroc était supérieur à celui de la Mauritanie (39,0 millions de dollars);

Chapitre VI. Construction

mais inférieur à celui de l'Espagne (20,9 milliards de dollars) et de l'Algérie (6,6 milliards de dollars). La construction par habitant au Maroc était supérieure à celle de la Mauritanie (22,2 de dollars); mais inférieure à celle de l'Espagne (543,1 de dollars) et de l'Algérie (299,2 de dollars). La croissance de la construction au Maroc était inférieure à celle de la Mauritanie (3,7%), de l'Espagne (2,6%) et de l'Algérie (1,6%).

Comparaison avec les leaders. La valeur ajoutée de la construction au Maroc était inférieure à celle des États-Unis (180,6 milliards de dollars), du Japon (138,7 milliards de dollars), de l'URSS (72,1 milliards de dollars), de l'Allemagne (57,8 milliards de dollars) et de la France (42,5 milliards de dollars). La construction par habitant au Maroc était inférieure à celle du Japon (1 143,9 de dollars), des États-Unis (754,4 de dollars), de la France (751,9 de dollars), de l'Allemagne (740,2 de dollars) et de l'URSS (262,0 de dollars). La croissance de la construction au Maroc était supérieure à celle de l'Allemagne (-0,52%); mais inférieure à celle de l'URSS (6,2%), du Japon (2,1%), des États-Unis (1,1%) et de la France (0,67%).

Les années 1990

La valeur ajoutée de la construction au Maroc était de 1,3 milliards de dollars par an dans les années 1990, au 58ème rang mondial à égalité avec la Serbie (1,3 milliards de dollars). La part dans le monde était de 0,084% et de 5,4% en Afrique.

La part de la construction dans l'économie du Maroc était de 4,1% dans les années 1990, au 155ème rang mondial, à égalité avec le Guatemala (4,1%), le Monténégro (4,1%), l'Amérique septentrionale (4,1%).

La construction par habitant au Maroc était de 49.7 dollars dans les années 1990, se situant au 142ème rang mondial, à égalité avec l'Azerbaïdjan (49,7 de dollars), le Bhoutan (49,9 de dollars), le Honduras (50,9 de dollars). La construction par habitant au Maroc était 5,6 fois inférieure la construction par habitant au Monde (278,6 US$), et 43,7% supérieure la construction par habitant en Afrique (34,6 US$).

La croissance de la construction au Maroc était de 1% dans les années 1990, se situant au 128ème rang mondial, à égalité avec l'Islande (1,0%). La croissance de la construction au Maroc (1,0%) a été supérieure à celle du monde (0,71%), et inférieure à celle de l'Afrique (2,8%).

Comparaison avec les voisins. Le secteur de la construction au Maroc était supérieur à celui de la Mauritanie (43,9 millions de dollars); mais inférieur à celui de l'Espagne (52,1 milliards de dollars) et de l'Algérie (4,6 milliards de dollars). La construction par habitant au Maroc était supérieure à celle de la Mauritanie (19,2 de dollars); mais inférieure à celle de l'Espagne (1 309,7 de dollars) et de l'Algérie (160,9 de dollars). La croissance de la construction au Maroc était supérieure à celle de la Mauritanie (0,14%); mais inférieure à celle de l'Algérie (2,0%) et de l'Espagne (1,5%).

Comparaison avec les leaders. Le secteur de la construction au Maroc était inférieur à celui du Japon (343,2 milliards de dollars), des États-Unis (299,1 milliards de dollars), de l'Allemagne (125,2 milliards de dollars), du Royaume-Uni (69,8 milliards de dollars) et de la France (68,8 milliards de dollars). La construction par habitant au Maroc était inférieure à celle du Japon (2 721,7 de dollars), de l'Allemagne (1 552,3 de dollars), du Royaume-Uni (1 205,1 de dollars), de la France (1 158,8 de dollars) et des États-Unis (1 131,2 de dollars). La croissance de la construction au Maroc était supérieure à celle de l'Allemagne (-0,047%), du Royaume-Uni (-0,34%), de la France (-0,65%) et du Japon (-1,0%); mais inférieure à celle des États-Unis (1,8%).

Les années 2000

La valeur ajoutée de la construction au Maroc était de 3,2 milliards de dollars par an dans les années 2000, au 57ème rang mondial. La part dans le monde était de 0,13% et de 6,6% en Afrique.

La part de la construction dans l'économie du Maroc était de 5,7% dans les années 2000, se classant au 108ème rang mondial, à égalité avec l'Italie (5,7%), les Bermudes (5,8%), la Papouasie-Nouvelle-Guinée (5,8%).

La construction par habitant au Maroc était de 106.5 dollars dans les années 2000, se classant au 130ème rang mondial, à égalité avec le Paraguay (104,3 de dollars). La construction par habitant au Maroc était 3,6 fois inférieure la construction par habitant au Monde (381,3 US$), et 98,1% supérieure la construction par habitant en Afrique (53,8 US$).

La croissance de la construction au Maroc était de 7.2% dans les années 2000, se classant au 69ème rang mondial, à égalité avec la Colombie (7,2%), l'Iran (7,2%), les îles Cook (7,2%). La croissance de la construction au Maroc (7,2%) a été supérieure à celle du monde (1,5%), et inférieure à celle de l'Afrique (8,4%).

Comparaison avec les voisins. Le secteur de la construction au Maroc était supérieur à celui de la Mauritanie (84,6 millions de dollars);

mais inférieur à celui de l'Espagne (111,8 milliards de dollars) et de l'Algérie (7,7 milliards de dollars). La construction par habitant au Maroc était supérieure à celle de la Mauritanie (28,2 de dollars); mais inférieure à celle de l'Espagne (2 560,2 de dollars) et de l'Algérie (234,1 de dollars). La croissance de la construction au Maroc était supérieure à celle de la Mauritanie (1,8%) et de l'Espagne (1,7%); mais inférieure à celle de l'Algérie (8,4%).

Comparaison avec les leaders. La valeur ajoutée de la construction au Maroc était inférieure à celle des États-Unis (583,0 milliards de dollars), du Japon (270,5 milliards de dollars), de la Chine (150,1 milliards de dollars), du Royaume-Uni (132,1 milliards de dollars) et de l'Espagne (111,8 milliards de dollars). La construction par habitant au Maroc était inférieure à celle de l'Espagne (2 560,2 de dollars), du Royaume-Uni (2 186,4 de dollars), du Japon (2 110,1 de dollars), des États-Unis (1 983,7 de dollars) et de la Chine (113,1 de dollars). La croissance de la construction au Maroc était supérieure à celle de l'Espagne (1,7%), du Royaume-Uni (0,17%), des États-Unis (-2,6%) et du Japon (-3,9%); mais inférieure à celle de la Chine (11,9%).

Les années 2010

La valeur ajoutée de la construction au Maroc était de 5,9 milliards de dollars par an dans les années 2010, se situant au 60ème rang mondial à égalité avec l'Irlande (5,9 milliards de dollars). La part dans le monde était de 0,14% et de 4,6% en Afrique.

La part de la construction dans l'économie du Maroc était de 6,2% dans les années 2010, se classant au 94ème rang mondial, à égalité avec l'Est (6,2%), le Royaume-Uni (6,2%), la Suède (6,2%).

La construction par habitant au Maroc était de 171.4 dollars dans les années 2010, au 140ème rang mondial, à égalité avec d'Haïti (171,5 de dollars), le Timor oriental (174,1 de dollars), le Guatemala (174,5 de dollars). La construction par habitant au Maroc était 3,3 fois inférieure la construction par habitant au Monde (572,1 US$), et 56,6% supérieure la construction par habitant en Afrique (109,4 US$).

La croissance de la construction au Maroc était de 4.1% dans les années 2010, au 85ème rang mondial, à égalité avec le Salvador (4,1%), le Bénin (4,1%), d'Haïti (4,1%). La croissance de la construction au Maroc (4,1%) a été supérieure à celle du monde (2,9%), et inférieure à celle de l'Afrique (5,8%).

Comparaison avec les voisins. La construction du Maroc était 20,4 fois supérieure à celle de la Mauritanie (288,6 millions de dollars); mais 13,6 fois inférieure à celle de l'Espagne (79,9 milliards de dollars) et 3,2 fois inférieure à celle de l'Algérie (18,8 milliards de dollars). La construction par habitant au Maroc était 2,4 fois supérieure à celle de la Mauritanie (72,2 de dollars); mais 10,0 fois inférieure à celle de l'Espagne (1 707,2 de dollars) et 2,8 fois inférieure à celle de l'Algérie (477,2 de dollars). La croissance de la construction au Maroc était supérieure à celle de la Mauritanie (1,6%) et de l'Espagne (-3,3%); mais inférieure à celle de l'Algérie (6,1%).

Comparaison avec les leaders. La valeur ajoutée de la construction au Maroc était 123,9 fois inférieure à celle de la Chine (731,1 milliards de dollars), 115,4 fois inférieure à celle des États-Unis (680,8 milliards de dollars), 47,2 fois inférieure à celle du Japon (278,7 milliards de dollars), 28,5 fois inférieure à celle de l'Inde (168,1 milliards de dollars) et 26,0 fois inférieure à celle de l'Allemagne (153,2 milliards de dollars). La construction par habitant au Maroc était 32,7% supérieure à celle de l'Inde (129,1 de dollars); mais 12,7 fois inférieure à celle du Japon (2 178,3 de dollars), 12,4 fois inférieure à celle des États-Unis (2 130,9 de dollars), 10,9 fois inférieure à celle de l'Allemagne (1 871,9 de dollars) et 3,0 fois inférieure à celle de la Chine (521,3 de dollars). La croissance de la construction au Maroc était supérieure à celle de l'Allemagne (1,8%), du Japon (1,7%) et des États-Unis (1,4%); mais inférieure à celle de la Chine (8,2%) et de l'Inde (5,2%).

Chapitre VII. Transport

Transport et stockage (ISIC I)

La valeur ajoutée du transport au Maroc est passé de 500,0 millions de dollars par an dans les années 1970 à 6,5 milliards de dollars par an dans les années 2010, c'est-à-dire 6,0 milliards de dollars ou de 13,1 fois. La variation a été de 1,4 milliards de dollars en raison de l'augmentation de 1,3 fois des prix, et de 4,2 milliards de dollars en raison de la croissance de productivité de 5,3 fois, et de 473,9 millions de dollars en raison de la croissance démographique. La croissance annuelle moyenne du transport était de 5,7%. La valeur minimale était de 227,8 millions de dollars en 1971. La valeur maximale était de 7,3 milliards de dollars en 2019.

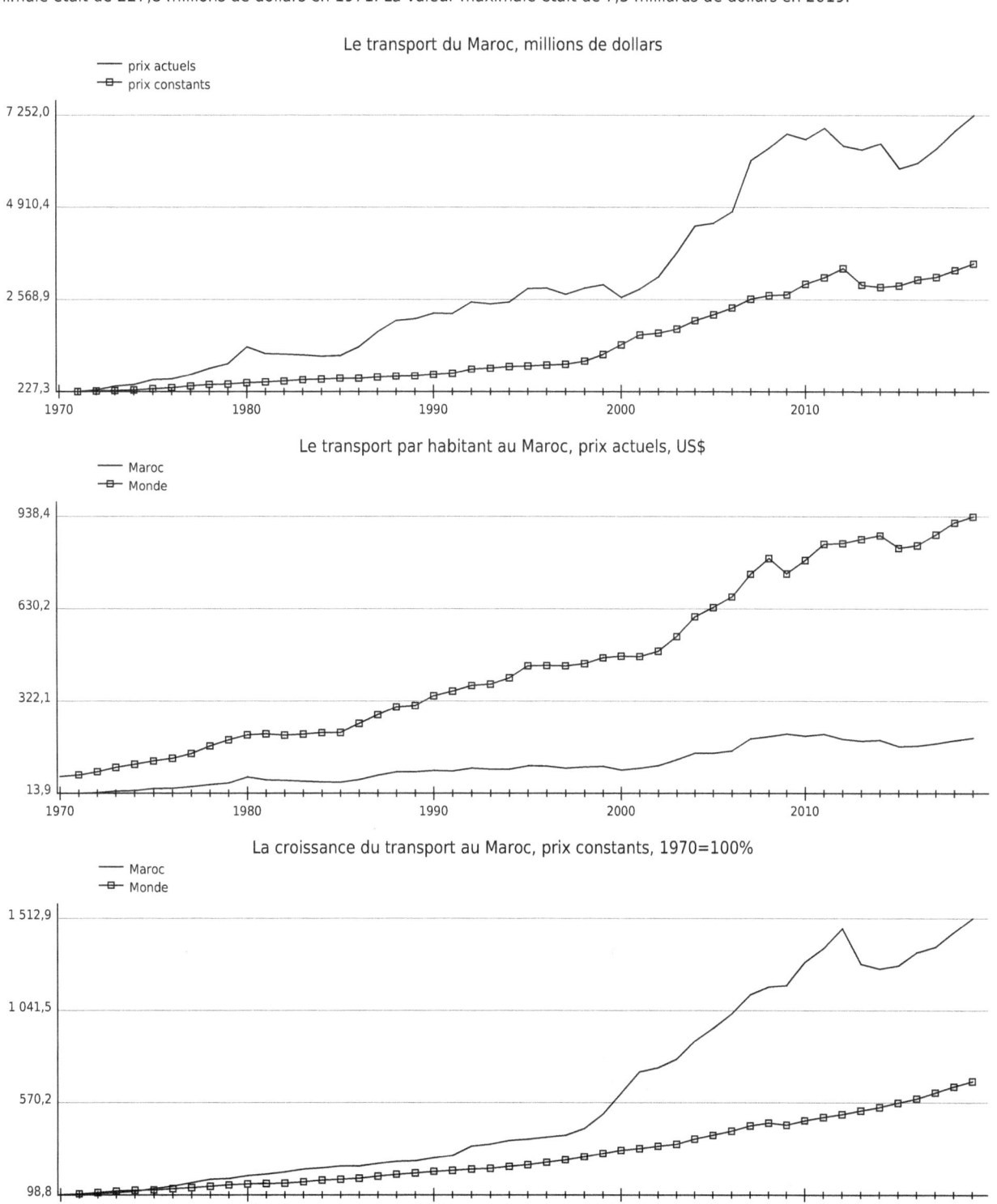

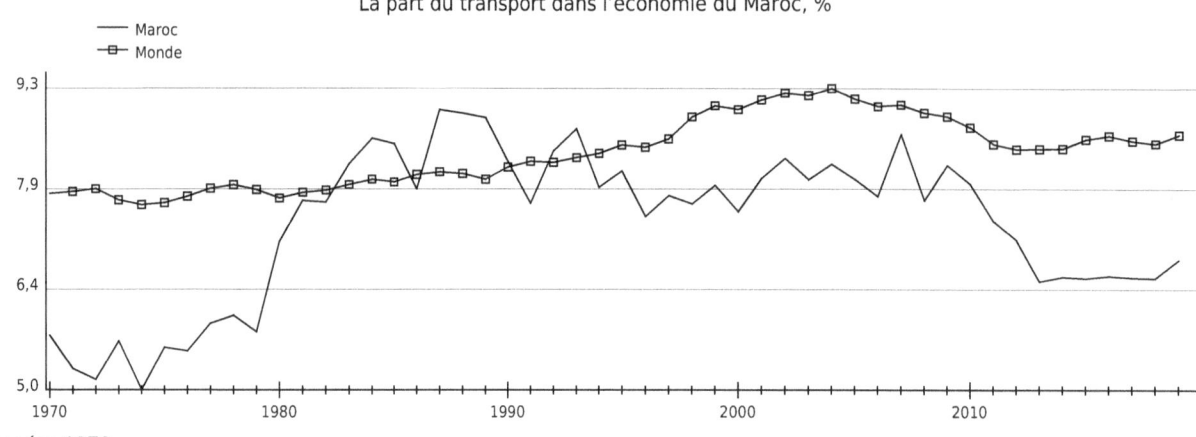

Les années 1970

Le secteur du transport au Maroc était de 500,0 millions de dollars par an dans les années 1970, au 58ème rang mondial. La part dans le monde était de 0,10% et de 2,2% en Afrique.

La part du transport dans l'économie du Maroc était de 5,7% dans les années 1970, se situant au 117ème rang mondial, à égalité avec le Cambodge (5,7%), l'Égypte (5,6%), le Mexique (5,6%).

Le transport par habitant au Maroc était de 28.3 dollars dans les années 1970, se classant au 128ème rang mondial, à égalité avec l'Angola (28,6 de dollars), la Bolivie (28,6 de dollars). Le transport par habitant au Maroc était 4,3 fois inférieur le transport par habitant au Monde (122,3 US$), et 49,4% inférieur le transport par habitant en Afrique (55,9 US$).

La croissance du transport au Maroc était de 6.9% dans les années 1970, se situant au 67ème rang mondial, à égalité avec l'Afrique (6,8%), le Qatar (6,9%), les Kiribati (6,9%). La croissance du transport au Maroc (6,9%) a été supérieure à celle du monde (4,6%), et supérieure à celle de l'Afrique (6,8%).

Comparaison avec les voisins. La valeur du transport au Maroc était supérieure à celle de la Mauritanie (29,6 millions de dollars); mais inférieure à celle de l'Espagne (7,6 milliards de dollars) et de l'Algérie (706,3 millions de dollars). Le transport par habitant au Maroc était supérieur à celui de la Mauritanie (22,5 de dollars); mais inférieur à celui de l'Espagne (213,7 de dollars) et de l'Algérie (42,9 de dollars). La croissance du transport au Maroc était supérieure à celle de la Mauritanie (5,9%) et de l'Espagne (4,6%); mais inférieure à celle de l'Algérie (11,5%).

Comparaison avec les leaders. Le secteur du transport au Maroc était inférieur à celui des États-Unis (168,6 milliards de dollars), du Japon (46,4 milliards de dollars), de l'Allemagne (29,6 milliards de dollars), de l'URSS (28,8 milliards de dollars) et de la France (24,0 milliards de dollars). Le transport par habitant au Maroc était inférieur à celui des États-Unis (772,4 de dollars), de la France (447,4 de dollars), du Japon (416,6 de dollars), de l'Allemagne (376,1 de dollars) et de l'URSS (114,0 de dollars). La croissance du transport au Maroc était supérieure à celle des États-Unis (4,2%), de la France (4,1%), de l'Allemagne (3,0%) et du Japon (1,7%); mais inférieure à celle de l'URSS (8,1%).

Les années 1980

La valeur ajoutée du transport au Maroc était de 1,4 milliards de dollars par an dans les années 1980, se situant au 60ème rang mondial à égalité avec l'Équateur (1,4 milliards de dollars). La part dans le monde était de 0,12% et de 2,9% en Afrique.

La part du transport dans l'économie du Maroc était de 8,3% dans les années 1980, se classant au 77ème rang mondial, à égalité avec le Liberia (8,3%), l'Italie (8,3%).

Le transport par habitant au Maroc était de 64.9 dollars dans les années 1980, au 119ème rang mondial, à égalité avec la Thaïlande (64,3 de dollars). Le transport par habitant au Maroc était 3,7 fois inférieur le transport par habitant au Monde (242,0 US$), et 28,2% inférieur le transport par habitant en Afrique (90,3 US$).

La croissance du transport au Maroc était de 4.1% dans les années 1980, se situant au 80ème rang mondial, à égalité avec Cuba (4,1%), le Zimbabwe (4,1%), la Suède (4,1%). La croissance du transport au Maroc (4,1%) a été supérieure à celle du monde (3,4%), et supérieure à celle de l'Afrique (-0,23%).

Chapitre VII. Transport

Comparaison avec les voisins. La valeur ajoutée du transport au Maroc était supérieure à celle de la Mauritanie (56,3 millions de dollars); mais inférieure à celle de l'Espagne (20,1 milliards de dollars) et de l'Algérie (2,5 milliards de dollars). Le transport par habitant au Maroc était supérieur à celui de la Mauritanie (32,1 de dollars); mais inférieur à celui de l'Espagne (520,9 de dollars) et de l'Algérie (113,5 de dollars). La croissance du transport au Maroc était supérieure à celle de l'Algérie (3,4%), de l'Espagne (1,9%) et de la Mauritanie (-0,023%).

Comparaison avec les leaders. La valeur du transport au Maroc était inférieure à celle des États-Unis (394,9 milliards de dollars), du Japon (147,7 milliards de dollars), de l'Allemagne (56,6 milliards de dollars), de la France (56,2 milliards de dollars) et du Royaume-Uni (53,0 milliards de dollars). Le transport par habitant au Maroc était inférieur à celui des États-Unis (1 649,2 de dollars), du Japon (1 217,8 de dollars), de la France (993,7 de dollars), du Royaume-Uni (938,7 de dollars) et de l'Allemagne (725,5 de dollars). La croissance du transport au Maroc était supérieure à celle des États-Unis (3,6%), du Royaume-Uni (3,0%) et de l'Allemagne (1,8%); mais inférieure à celle de la France (5,4%) et du Japon (4,7%).

Les années 1990

La valeur ajoutée du transport au Maroc était de 2,6 milliards de dollars par an dans les années 1990, au 55ème rang mondial à égalité avec l'Algérie (2,6 milliards de dollars), la Libye (2,5 milliards de dollars). La part dans le monde était de 0,11% et de 5,8% en Afrique.

La part du transport dans l'économie du Maroc était de 8,0% dans les années 1990, se situant au 97ème rang mondial, à égalité avec la Colombie (8,0%), l'Afrique (8,0%), le Bhoutan (7,9%).

Le transport par habitant au Maroc était de 97.6 dollars dans les années 1990, au 127ème rang mondial. Le transport par habitant au Maroc était 4,2 fois inférieur le transport par habitant au Monde (409,5 US$), et 54,6% supérieur le transport par habitant en Afrique (63,1 US$).

La croissance du transport au Maroc était de 6.5% dans les années 1990, se situant au 52ème rang mondial, à égalité avec la Tunisie (6,5%). La croissance du transport au Maroc (6,5%) a été supérieure à celle du monde (4,0%), et supérieure à celle de l'Afrique (3,3%).

Comparaison avec les voisins. Le secteur du transport au Maroc était supérieur à celui de la Mauritanie (74,0 millions de dollars); mais inférieur à celui de l'Espagne (49,2 milliards de dollars) et de l'Algérie (2,6 milliards de dollars). Le transport par habitant au Maroc était supérieur à celui de l'Algérie (93,1 de dollars) et de la Mauritanie (32,3 de dollars); mais inférieur à celui de l'Espagne (1 238,8 de dollars). La croissance du transport au Maroc était supérieure à celle de l'Espagne (2,1%) et de l'Algérie (1,1%); mais inférieure à celle de la Mauritanie (7,6%).

Comparaison avec les leaders. La valeur du transport au Maroc était inférieure à celle des États-Unis (702,6 milliards de dollars), du Japon (373,9 milliards de dollars), de l'Allemagne (144,3 milliards de dollars), de la France (118,7 milliards de dollars) et du Royaume-Uni (117,6 milliards de dollars). Le transport par habitant au Maroc était inférieur à celui du Japon (2 965,8 de dollars), des États-Unis (2 656,9 de dollars), du Royaume-Uni (2 031,3 de dollars), de la France (1 999,2 de dollars) et de l'Allemagne (1 789,0 de dollars). La croissance du transport au Maroc était supérieure à celle des États-Unis (5,0%), de la France (4,8%), du Royaume-Uni (4,7%), de l'Allemagne (3,9%) et du Japon (3,0%).

Les années 2000

La valeur du transport au Maroc était de 4,5 milliards de dollars par an dans les années 2000, se situant au 57ème rang mondial à égalité avec la Slovaquie (4,5 milliards de dollars). La part dans le monde était de 0,11% et de 5,0% en Afrique.

La part du transport dans l'économie du Maroc était de 8,1% dans les années 2000, au 130ème rang mondial, à égalité avec le Portugal (8,1%), le Zimbabwe (8,0%).

Le transport par habitant au Maroc était de 149.7 dollars dans les années 2000, se classant au 137ème rang mondial, à égalité avec le Sri Lanka (151,3 de dollars). Le transport par habitant au Maroc était 4,1 fois inférieur le transport par habitant au Monde (621,1 US$), et 50,7% supérieur le transport par habitant en Afrique (99,3 US$).

La croissance du transport au Maroc était de 8.6% dans les années 2000, se classant au 50ème rang mondial, à égalité avec le Venezuela (8,5%), l'Asie du Sud (8,5%), la république du Congo (8,6%). La croissance du transport au Maroc (8,6%) a été supérieure à celle du monde (3,9%), et supérieure à celle de l'Afrique (7,8%).

Comparaison avec les voisins. Le transport du Maroc était supérieur à celui de la Mauritanie (143,4 millions de dollars); mais inférieur à celui de l'Espagne (85,8 milliards de dollars) et de l'Algérie (7,9 milliards de dollars). Le transport par habitant au Maroc était supérieur à celui de la Mauritanie (47,9 de dollars); mais inférieur à celui de l'Espagne (1 963,8 de dollars) et de l'Algérie (240,3 de dollars). La croissance du transport au Maroc était supérieure à celle de l'Algérie (7,1%) et de l'Espagne (2,1%); mais inférieure à celle de la Mauritanie (13,5%).

Comparaison avec les leaders. La valeur du transport au Maroc était inférieure à celle des États-Unis (1,2 billions de dollars), du Japon (468,5 milliards de dollars), de l'Allemagne (228,2 milliards de dollars), du Royaume-Uni (215,9 milliards de dollars) et de la France (185,6 milliards de dollars). Le transport par habitant au Maroc était inférieur à celui des États-Unis (4 029,0 de dollars), du Japon (3 655,1 de dollars), du Royaume-Uni (3 572,9 de dollars), de la France (2 955,1 de dollars) et de l'Allemagne (2 803,7 de dollars). La croissance du transport au Maroc était supérieure à celle de l'Allemagne (3,4%), du Royaume-Uni (3,1%), des États-Unis (3,1%), de la France (2,7%) et du Japon (1,5%).

Les années 2010

La valeur ajoutée du transport au Maroc était de 6,5 milliards de dollars par an dans les années 2010, se classant au 67ème rang mondial à égalité avec le Viêt Nam (6,6 milliards de dollars), l'Équateur (6,6 milliards de dollars), la Lituanie (6,4 milliards de dollars). La part dans le monde était de 0,10% et de 3,2% en Afrique.

La part du transport dans l'économie du Maroc était de 6,9% dans les années 2010, au 157ème rang mondial.

Le transport par habitant au Maroc était de 190 dollars dans les années 2010, se classant au 150ème rang mondial, à égalité avec l'Ouzbékistan (189,6 de dollars), Sao Tomé-et-Principe (191,0 de dollars), l'Eswatini (187,3 de dollars). Le transport par habitant au Maroc était 4,6 fois inférieur le transport par habitant au Monde (864,8 US$), et 9,4% supérieur le transport par habitant en Afrique (173,7 US$).

La croissance du transport au Maroc était de 2.6% dans les années 2010, au 151ème rang mondial, à égalité avec la France (2,6%). La croissance du transport au Maroc (2,6%) a été inférieure à celle du monde (4,0%), et inférieure à celle de l'Afrique (3,8%).

Comparaison avec les voisins. La valeur ajoutée du transport au Maroc était 16,8 fois supérieure à celle de la Mauritanie (388,8 millions de dollars); mais 15,9 fois inférieure à celle de l'Espagne (103,7 milliards de dollars) et 2,6 fois inférieure à celle de l'Algérie (16,8 milliards de dollars). Le transport par habitant au Maroc était 95,3% supérieur à celui de la Mauritanie (97,3 de dollars); mais 11,7 fois inférieur à celui de l'Espagne (2 215,5 de dollars) et 2,2 fois inférieur à celui de l'Algérie (427,5 de dollars). La croissance du transport au Maroc était inférieure à celle de la Mauritanie (13,9%), de l'Algérie (5,8%) et de l'Espagne (2,7%).

Comparaison avec les leaders. Le secteur du transport au Maroc était 273,5 fois inférieur à celui des États-Unis (1,8 billions de dollars), 81,0 fois inférieur à celui du Japon (529,8 milliards de dollars), 71,0 fois inférieur à celui de la Chine (464,2 milliards de dollars), 45,9 fois inférieur à celui de l'Allemagne (300,0 milliards de dollars) et 39,4 fois inférieur à celui du Royaume-Uni (257,7 milliards de dollars). Le transport par habitant au Maroc était 29,5 fois inférieur à celui des États-Unis (5 597,8 de dollars), 21,8 fois inférieur à celui du Japon (4 141,7 de dollars), 20,7 fois inférieur à celui du Royaume-Uni (3 929,2 de dollars), 19,3 fois inférieur à celui de l'Allemagne (3 665,2 de dollars) et 42,6% inférieur à celui de la Chine (331,0 de dollars). La croissance du transport au Maroc était supérieure à celle du Japon (0,81%); mais inférieure à celle de la Chine (7,5%), des États-Unis (5,1%), du Royaume-Uni (2,8%) et de l'Allemagne (2,7%).

Chapitre VIII. Commerce

Commerce de gros et de détail; restaurants et hôtels (ISIC G-H)

Le secteur du commerce au Maroc est passé de 1,5 milliards de dollars par an dans les années 1970 à 11,2 milliards de dollars par an dans les années 2010, c'est-à-dire 9,7 milliards de dollars ou de 7,3 fois. La variation a été de 4,9 milliards de dollars en raison de l'augmentation de 1,8 fois des prix, et de 3,3 milliards de dollars en raison de la croissance de productivité de 2,1 fois, et de 1,5 milliards de dollars en raison de la croissance démographique. La croissance annuelle moyenne du commerce était de 3,8%. La valeur minimale était de 829,8 millions de dollars en 1970. La valeur maximale était de 12,6 milliards de dollars en 2019.

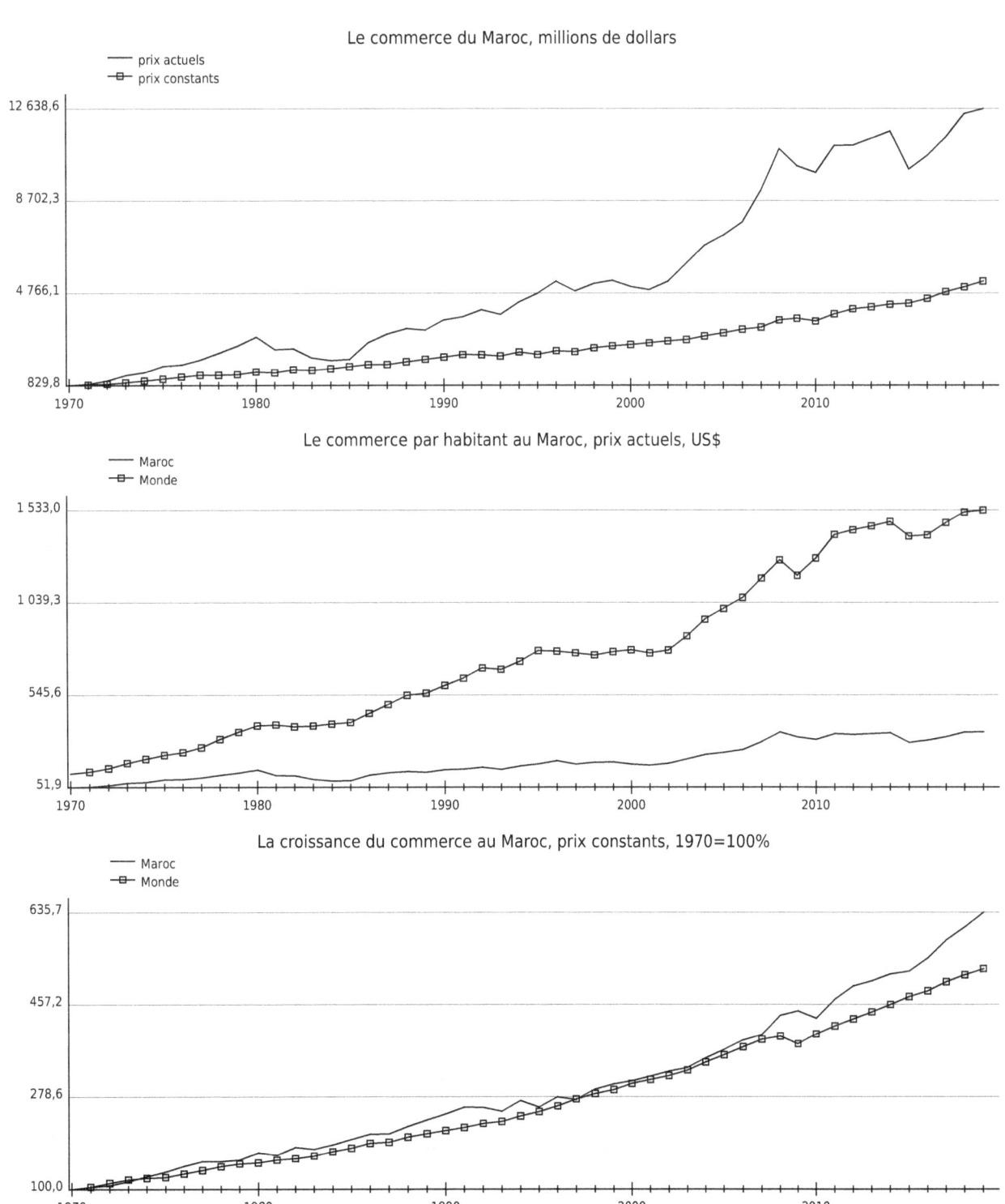

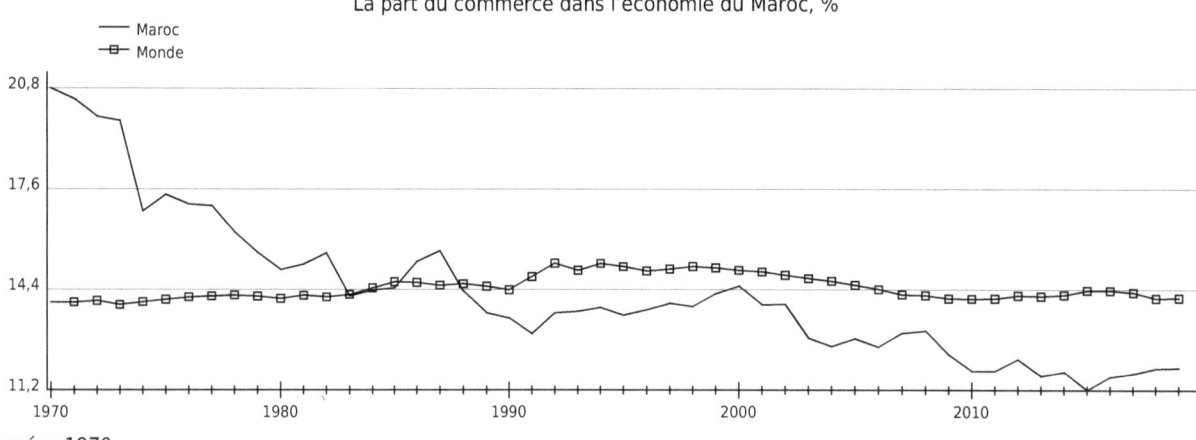

La part du commerce dans l'économie du Maroc, %

Les années 1970

Le commerce du Maroc était de 1,5 milliards de dollars par an dans les années 1970, se situant au 50ème rang mondial. La part dans le monde était de 0,17% et de 5,1% en Afrique.

La part du commerce dans l'économie du Maroc était de 17,4% dans les années 1970, se classant au 61ème rang mondial, à égalité avec le Danemark (17,4%), le Guyana (17,5%), le Yémen (17,5%).

Le commerce par habitant au Maroc était de 87.1 dollars dans les années 1970, se situant au 114ème rang mondial, à égalité avec la Tunisie (87,0 de dollars), la Malaisie (87,7 de dollars), la Thaïlande (86,2 de dollars). Le commerce par habitant au Maroc était 2,5 fois inférieur le commerce par habitant au Monde (221,0 US$), et 18,0% supérieur le commerce par habitant en Afrique (73,8 US$).

La croissance du commerce au Maroc était de 5.1% dans les années 1970, au 87ème rang mondial, à égalité avec l'URSS (5,2%). La croissance du commerce au Maroc (5,1%) a été supérieure à celle du monde (4,5%), et supérieure à celle de l'Afrique (4,6%).

Comparaison avec les voisins. La valeur du commerce au Maroc était supérieure à celle de la Mauritanie (45,7 millions de dollars); mais inférieure à celle de l'Espagne (16,3 milliards de dollars) et de l'Algérie (1,9 milliards de dollars). Le commerce par habitant au Maroc était supérieur à celui de la Mauritanie (34,7 de dollars); mais inférieur à celui de l'Espagne (456,1 de dollars) et de l'Algérie (117,5 de dollars). La croissance du commerce au Maroc était supérieure à celle de l'Espagne (4,6%); mais inférieure à celle de la Mauritanie (7,7%) et de l'Algérie (6,8%).

Comparaison avec les leaders. Le commerce du Maroc était inférieur à celui des États-Unis (278,3 milliards de dollars), du Japon (90,3 milliards de dollars), de l'URSS (62,3 milliards de dollars), de l'Allemagne (61,1 milliards de dollars) et de la France (40,9 milliards de dollars). Le commerce par habitant au Maroc était inférieur à celui des États-Unis (1 275,1 de dollars), du Japon (811,1 de dollars), de l'Allemagne (775,5 de dollars), de la France (762,4 de dollars) et de l'URSS (247,1 de dollars). La croissance du commerce au Maroc était supérieure à celle de la France (3,9%), des États-Unis (3,9%) et de l'Allemagne (3,0%); mais inférieure à celle du Japon (8,2%) et de l'URSS (5,2%).

Les années 1980

Le secteur du commerce au Maroc était de 2,6 milliards de dollars par an dans les années 1980, se situant au 57ème rang mondial à égalité avec la Roumanie (2,6 milliards de dollars), le Bangladesh (2,6 milliards de dollars). La part dans le monde était de 0,12% et de 3,9% en Afrique.

La part du commerce dans l'économie du Maroc était de 14,8% dans les années 1980, au 93ème rang mondial, à égalité avec les Tonga (14,7%), la Polynésie française (14,7%).

Le commerce par habitant au Maroc était de 115.3 dollars dans les années 1980, au 131ème rang mondial, à égalité avec l'Asie du Sud-Est (114,1 de dollars), la Mongolie (117,5 de dollars), la Roumanie (112,8 de dollars). Le commerce par habitant au Maroc était 3,8 fois inférieur le commerce par habitant au Monde (437,7 US$), et 5,3% inférieur le commerce par habitant en Afrique (121,8 US$).

La croissance du commerce au Maroc était de 4.1% dans les années 1980, se situant au 54ème rang mondial. La croissance du commerce au Maroc (4,1%) a été supérieure à celle du monde (3,3%), et supérieure à celle de l'Afrique (2,7%).

Comparaison avec les voisins. La valeur du commerce au Maroc était supérieure à celle de la Mauritanie (111,4 millions de dollars);

Chapitre VIII. Commerce

mais inférieure à celle de l'Espagne (42,9 milliards de dollars) et de l'Algérie (7,1 milliards de dollars). Le commerce par habitant au Maroc était supérieur à celui de la Mauritanie (63,4 de dollars); mais inférieur à celui de l'Espagne (1 111,7 de dollars) et de l'Algérie (323,0 de dollars). La croissance du commerce au Maroc était supérieure à celle de l'Algérie (3,3%) et de l'Espagne (1,9%); mais inférieure à celle de la Mauritanie (4,5%).

Comparaison avec les leaders. La valeur ajoutée du commerce au Maroc était inférieure à celle des États-Unis (653,3 milliards de dollars), du Japon (277,3 milliards de dollars), de l'Allemagne (116,7 milliards de dollars), de l'URSS (112,3 milliards de dollars) et de l'Italie (95,7 milliards de dollars). Le commerce par habitant au Maroc était inférieur à celui des États-Unis (2 728,2 de dollars), du Japon (2 286,5 de dollars), de l'Italie (1 684,2 de dollars), de l'Allemagne (1 496,0 de dollars) et de l'URSS (408,1 de dollars). La croissance du commerce au Maroc était supérieure à celle de l'Italie (2,3%), de l'Allemagne (1,8%) et de l'URSS (-0,62%); mais inférieure à celle du Japon (4,9%) et des États-Unis (4,4%).

Les années 1990

La valeur ajoutée du commerce au Maroc était de 4,5 milliards de dollars par an dans les années 1990, se situant au 54ème rang mondial à égalité avec l'Ukraine (4,5 milliards de dollars), le Bangladesh (4,6 milliards de dollars). La part dans le monde était de 0,11% et de 5,3% en Afrique.

La part du commerce dans l'économie du Maroc était de 13,8% dans les années 1990, se situant au 120ème rang mondial, à égalité avec l'Islande (13,8%), la Belgique (13,8%), la Tchéquie (13,7%).

Le commerce par habitant au Maroc était de 168.4 dollars dans les années 1990, se classant au 130ème rang mondial, à égalité avec les Philippines (169,4 de dollars), le Cap-Vert (169,7 de dollars), le Kosovo (166,7 de dollars). Le commerce par habitant au Maroc était 4,3 fois inférieur le commerce par habitant au Monde (721,8 US$), et 40,0% supérieur le commerce par habitant en Afrique (120,3 US$).

La croissance du commerce au Maroc était de 2.6% dans les années 1990, se situant au 114ème rang mondial, à égalité avec la Guinée équatoriale (2,6%). La croissance du commerce au Maroc (2,6%) a été inférieure à celle du monde (3,5%), et inférieure à celle de l'Afrique (2,8%).

Comparaison avec les voisins. La valeur du commerce au Maroc était supérieure à celle de la Mauritanie (188,3 millions de dollars); mais inférieure à celle de l'Espagne (103,9 milliards de dollars) et de l'Algérie (6,9 milliards de dollars). Le commerce par habitant au Maroc était supérieur à celui de la Mauritanie (82,2 de dollars); mais inférieur à celui de l'Espagne (2 614,4 de dollars) et de l'Algérie (242,8 de dollars). La croissance du commerce au Maroc était supérieure à celle de l'Espagne (1,9%) et de l'Algérie (1,4%); mais inférieure à celle de la Mauritanie (6,7%).

Comparaison avec les leaders. Le secteur du commerce au Maroc était inférieur à celui des États-Unis (1,2 billions de dollars), du Japon (713,2 milliards de dollars), de l'Allemagne (243,7 milliards de dollars), de l'Italie (185,6 milliards de dollars) et de la France (177,0 milliards de dollars). Le commerce par habitant au Maroc était inférieur à celui du Japon (5 656,5 de dollars), des États-Unis (4 395,6 de dollars), de l'Italie (3 255,0 de dollars), de l'Allemagne (3 021,8 de dollars) et de la France (2 980,3 de dollars). La croissance du commerce au Maroc était supérieure à celle de l'Allemagne (2,5%), de la France (2,4%) et de l'Italie (1,9%); mais inférieure à celle des États-Unis (4,3%) et du Japon (3,8%).

Les années 2000

La valeur du commerce au Maroc était de 7,3 milliards de dollars par an dans les années 2000, se situant au 59ème rang mondial. La part dans le monde était de 0,11% et de 4,9% en Afrique.

La part du commerce dans l'économie du Maroc était de 13,0% dans les années 2000, se classant au 144ème rang mondial, à égalité avec la Mongolie (13,0%), le Brésil (12,9%), le Venezuela (12,9%).

Le commerce par habitant au Maroc était de 242 dollars dans les années 2000, se classant au 136ème rang mondial, à égalité avec l'Afrique du Nord (240,7 de dollars), les Philippines (240,2 de dollars), la Jordanie (244,9 de dollars). Le commerce par habitant au Maroc était 4,1 fois inférieur le commerce par habitant au Monde (990,3 US$), et 47,6% supérieur le commerce par habitant en Afrique (164,0 US$).

La croissance du commerce au Maroc était de 3.9% dans les années 2000, se situant au 100ème rang mondial, à égalité avec l'Afrique du Sud (3,9%). La croissance du commerce au Maroc (3,9%) a été supérieure à celle du monde (2,7%), et inférieure à celle de l'Afrique (5,9%).

Comparaison avec les voisins. La valeur ajoutée du commerce au Maroc était supérieure à celle de la Mauritanie (412,0 millions de dollars); mais inférieure à celle de l'Espagne (179,9 milliards de dollars) et de l'Algérie (10,7 milliards de dollars). Le commerce par habitant au Maroc était supérieur à celui de la Mauritanie (137,7 de dollars); mais inférieur à celui de l'Espagne (4 119,6 de dollars) et de l'Algérie (322,9 de dollars). La croissance du commerce au Maroc était supérieure à celle de l'Espagne (2,0%); mais inférieure à celle de l'Algérie (7,8%) et de la Mauritanie (5,7%).

Comparaison avec les leaders. La valeur du commerce au Maroc était inférieure à celle des États-Unis (1,9 billions de dollars), du Japon (771,8 milliards de dollars), de l'Allemagne (296,0 milliards de dollars), du Royaume-Uni (293,5 milliards de dollars) et de la Chine (262,0 milliards de dollars). Le commerce par habitant au Maroc était supérieur à celui de la Chine (197,5 de dollars); mais inférieur à celui des États-Unis (6 383,1 de dollars), du Japon (6 021,3 de dollars), du Royaume-Uni (4 856,7 de dollars) et de l'Allemagne (3 637,0 de dollars). La croissance du commerce au Maroc était supérieure à celle de l'Allemagne (1,7%), du Royaume-Uni (1,3%), des États-Unis (1,1%) et du Japon (-0,77%); mais inférieure à celle de la Chine (11,9%).

Les années 2010

Le secteur du commerce au Maroc était de 11,2 milliards de dollars par an dans les années 2010, au 68ème rang mondial à égalité avec l'Équateur (11,5 milliards de dollars). La part dans le monde était de 0,11% et de 3,3% en Afrique.

La part du commerce dans l'économie du Maroc était de 11,8% dans les années 2010, se classant au 164ème rang mondial, à égalité avec la république démocratique du Congo (11,8%), la Hongrie (11,9%), l'Asie de l'Ouest (11,9%).

Le commerce par habitant au Maroc était de 326.1 dollars dans les années 2010, se situant au 152ème rang mondial, à égalité avec le Soudan (322,5 de dollars), la Papouasie-Nouvelle-Guinée (320,4 de dollars), la Libye (319,4 de dollars). Le commerce par habitant au Maroc était 4,4 fois inférieur le commerce par habitant au Monde (1 436,8 US$), et 11,8% supérieur le commerce par habitant en Afrique (291,7 US$).

La croissance du commerce au Maroc était de 3.6% dans les années 2010, se situant au 100ème rang mondial, à égalité avec les Fidji (3,6%). La croissance du commerce au Maroc (3,6%) a été supérieure à celle du monde (3,3%), et supérieure à celle de l'Afrique (3,4%).

Comparaison avec les voisins. La valeur ajoutée du commerce au Maroc était 13,0 fois supérieure à celle de la Mauritanie (863,3 millions de dollars); mais 20,4 fois inférieure à celle de l'Espagne (229,4 milliards de dollars) et 2,1 fois inférieure à celle de l'Algérie (23,7 milliards de dollars). Le commerce par habitant au Maroc était 51,0% supérieur à celui de la Mauritanie (216,0 de dollars); mais 15,0 fois inférieur à celui de l'Espagne (4 900,4 de dollars) et 45,7% inférieur à celui de l'Algérie (600,5 de dollars). La croissance du commerce au Maroc était supérieure à celle de l'Espagne (1,6%); mais inférieure à celle de l'Algérie (5,4%) et de la Mauritanie (4,5%).

Comparaison avec les leaders. La valeur ajoutée du commerce au Maroc était 233,0 fois inférieure à celle des États-Unis (2,6 billions de dollars), 106,4 fois inférieure à celle de la Chine (1,2 billions de dollars), 77,5 fois inférieure à celle du Japon (869,5 milliards de dollars), 33,2 fois inférieure à celle de l'Allemagne (372,6 milliards de dollars) et 29,4 fois inférieure à celle du Royaume-Uni (330,0 milliards de dollars). Le commerce par habitant au Maroc était 25,1 fois inférieur à celui des États-Unis (8 186,4 de dollars), 20,8 fois inférieur à celui du Japon (6 797,1 de dollars), 15,4 fois inférieur à celui du Royaume-Uni (5 030,4 de dollars), 14,0 fois inférieur à celui de l'Allemagne (4 551,8 de dollars) et 2,6 fois inférieur à celui de la Chine (851,7 de dollars). La croissance du commerce au Maroc était supérieure à celle du Royaume-Uni (2,8%), des États-Unis (2,3%), de l'Allemagne (2,0%) et du Japon (0,77%); mais inférieure à celle de la Chine (8,9%).

Chapitre IX. Services

(ISIC J-P)

Le secteur des services au Maroc est passé de 2,2 milliards de dollars par an dans les années 1970 à 36,5 milliards de dollars par an dans les années 2010, c'est-à-dire 34,3 milliards de dollars ou de 16,9 fois. La variation a été de 20,5 milliards de dollars en raison de l'augmentation de 2,3 fois des prix, et de 11,8 milliards de dollars en raison de la croissance de productivité de 3,8 fois, et de 2,0 milliards de dollars en raison de la croissance démographique. La croissance annuelle moyenne des services était de 5,3%. La valeur minimale était de 947,6 millions de dollars en 1970. La valeur maximale était de 41,1 milliards de dollars en 2019.

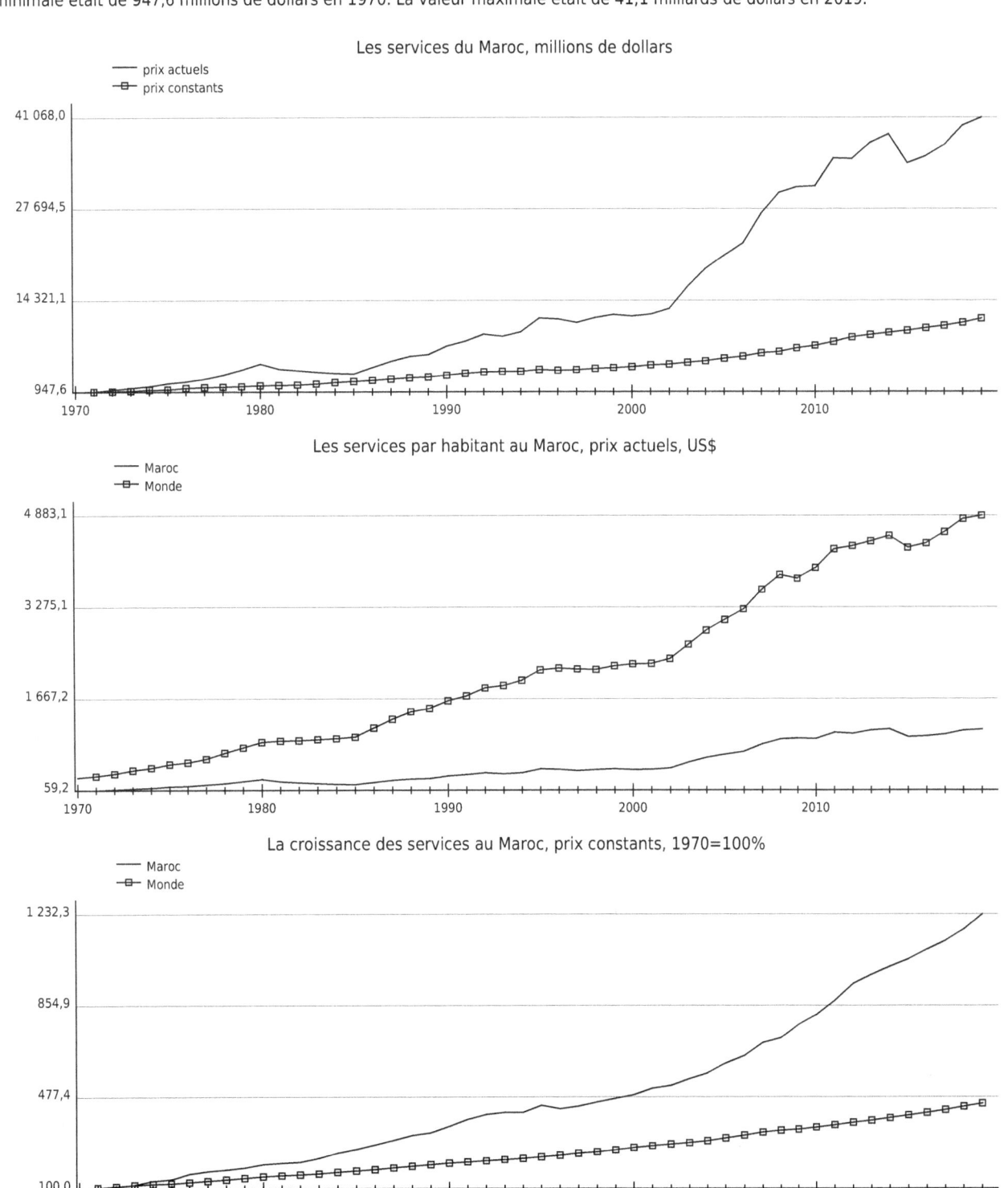

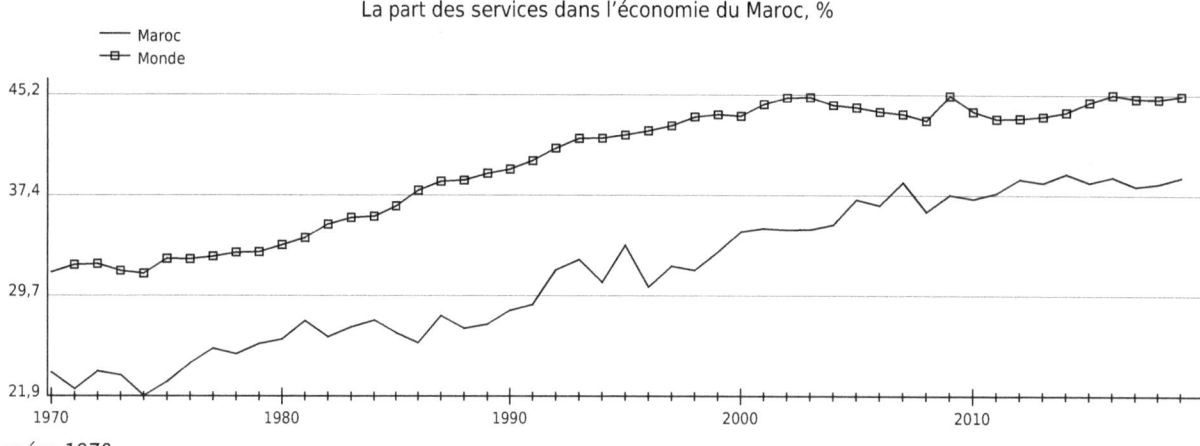

Les années 1970

Le secteur des services au Maroc était de 2,2 milliards de dollars par an dans les années 1970, se situant au 54ème rang mondial à égalité avec l'Équateur (2,2 milliards de dollars). La part dans le monde était de 0,11% et de 3,4% en Afrique.

La part des services dans l'économie du Maroc était de 24,4% dans les années 1970, se situant au 121ème rang mondial, à égalité avec l'Arabie saoudite (24,3%), l'Asie du Sud (24,5%), l'Afrique de l'Ouest (24,2%).

Les services par habitant au Maroc étaient de 122 dollars dans les années 1970, au 123ème rang mondial, à égalité avec la Corée du Nord (121,8 de dollars), l'Afrique centrale (122,2 de dollars), l'Asie (121,6 de dollars). Les services par habitant au Maroc étaient 4,2 fois inférieures les services par habitant au Monde (506,9 US$), et 21,8% inférieures les services par habitant en Afrique (156,0 US$).

La croissance des services au Maroc était de 7.1% dans les années 1970, se situant au 52ème rang mondial, à égalité avec le Kenya (7,2%). La croissance des services au Maroc (7,1%) a été supérieure à celle du monde (4,1%), et supérieure à celle de l'Afrique (5,5%).

Comparaison avec les voisins. Le secteur des services au Maroc était supérieur à celui de la Mauritanie (262,4 millions de dollars); mais inférieur à celui de l'Espagne (27,2 milliards de dollars) et de l'Algérie (4,2 milliards de dollars). Les services par habitant au Maroc étaient inférieures à celles de l'Espagne (761,7 de dollars), de l'Algérie (254,8 de dollars) et de la Mauritanie (199,5 de dollars). La croissance des services au Maroc était supérieure à celle de l'Espagne (4,6%); mais inférieure à celle de la Mauritanie (16,1%) et de l'Algérie (9,1%).

Comparaison avec les leaders. La valeur des services au Maroc était inférieure à celle des États-Unis (674,4 milliards de dollars), de l'URSS (168,3 milliards de dollars), du Japon (153,8 milliards de dollars), de l'Allemagne (150,2 milliards de dollars) et de la France (121,8 milliards de dollars). Les services par habitant au Maroc étaient inférieures à celles des États-Unis (3 090,2 de dollars), de la France (2 271,8 de dollars), de l'Allemagne (1 907,6 de dollars), du Japon (1 381,3 de dollars) et de l'URSS (667,3 de dollars). La croissance des services au Maroc était supérieure à celle du Japon (5,9%), de l'Allemagne (4,8%), de la France (3,9%), des États-Unis (3,3%) et de l'URSS (0,90%).

Les années 1980

La valeur ajoutée des services au Maroc était de 4,7 milliards de dollars par an dans les années 1980, au 59ème rang mondial à égalité avec l'Équateur (4,8 milliards de dollars). La part dans le monde était de 0,087% et de 3,7% en Afrique.

La part des services dans l'économie du Maroc était de 27,1% dans les années 1980, au 111ème rang mondial, à égalité avec le Salvador (27,2%).

Les services par habitant au Maroc étaient de 211.8 dollars dans les années 1980, se classant au 128ème rang mondial, à égalité avec le Salvador (212,9 de dollars), le Guyana (209,1 de dollars). Les services par habitant au Maroc étaient 5,3 fois inférieures les services par habitant au Monde (1 115,5 US$), et 10,1% inférieures les services par habitant en Afrique (235,7 US$).

La croissance des services au Maroc était de 5.9% dans les années 1980, au 39ème rang mondial, à égalité avec Sainte-Lucie (5,9%), la Polynésie (6,0%). La croissance des services au Maroc (5,9%) a été supérieure à celle du monde (3,3%), et supérieure à celle de l'Afrique (3,9%).

Chapitre IX. Services

Comparaison avec les voisins. Les services du Maroc étaient supérieures à celles de la Mauritanie (472,1 millions de dollars); mais inférieures à celles de l'Espagne (76,2 milliards de dollars) et de l'Algérie (11,2 milliards de dollars). Les services par habitant au Maroc étaient inférieures à celles de l'Espagne (1 976,9 de dollars), de l'Algérie (507,5 de dollars) et de la Mauritanie (268,6 de dollars). La croissance des services au Maroc était supérieure à celle de l'Espagne (4,0%), de l'Algérie (3,3%) et de la Mauritanie (-0,91%).

Comparaison avec les leaders. Le secteur des services au Maroc était inférieur à celui des États-Unis (1,9 billions de dollars), du Japon (619,9 milliards de dollars), de l'Allemagne (362,2 milliards de dollars), de la France (294,5 milliards de dollars) et du Royaume-Uni (265,4 milliards de dollars). Les services par habitant au Maroc étaient inférieures à celles des États-Unis (7 844,6 de dollars), de la France (5 211,0 de dollars), du Japon (5 111,4 de dollars), du Royaume-Uni (4 700,6 de dollars) et de l'Allemagne (4 642,6 de dollars). La croissance des services au Maroc était supérieure à celle du Japon (4,8%), du Royaume-Uni (3,3%), de l'Allemagne (3,1%), des États-Unis (2,8%) et de la France (2,3%).

Les années 1990

La valeur ajoutée des services au Maroc était de 10,3 milliards de dollars par an dans les années 1990, au 54ème rang mondial. La part dans le monde était de 0,089% et de 6,7% en Afrique.

La part des services dans l'économie du Maroc était de 31,4% dans les années 1990, se classant au 106ème rang mondial, à égalité avec le Burkina Faso (31,5%), le Brunei (31,5%), le Belize (31,2%).

Les services par habitant au Maroc étaient de 384.1 dollars dans les années 1990, au 124ème rang mondial. Les services par habitant au Maroc étaient 5,2 fois inférieures les services par habitant au Monde (2 014,6 US$), et 76,4% supérieures les services par habitant en Afrique (217,8 US$).

La croissance des services au Maroc était de 3.6% dans les années 1990, se situant au 76ème rang mondial, à égalité avec l'Océanie (3,6%), l'Australasie (3,6%). La croissance des services au Maroc (3,6%) a été supérieure à celle du monde (2,7%), et supérieure à celle de l'Afrique (2,6%).

Comparaison avec les voisins. Les services du Maroc étaient supérieures à celles de l'Algérie (9,4 milliards de dollars) et de la Mauritanie (485,8 millions de dollars); mais inférieures à celles de l'Espagne (197,5 milliards de dollars). Les services par habitant au Maroc étaient supérieures à celles de l'Algérie (331,1 de dollars) et de la Mauritanie (212,2 de dollars); mais inférieures à celles de l'Espagne (4 969,7 de dollars). La croissance des services au Maroc était supérieure à celle de l'Espagne (2,5%), de la Mauritanie (1,6%) et de l'Algérie (1,6%).

Comparaison avec les leaders. Le secteur des services au Maroc était inférieur à celui des États-Unis (3,8 billions de dollars), du Japon (1,6 billions de dollars), de l'Allemagne (908,0 milliards de dollars), de la France (628,2 milliards de dollars) et du Royaume-Uni (592,3 milliards de dollars). Les services par habitant au Maroc étaient inférieures à celles des États-Unis (14 354,4 de dollars), du Japon (12 820,4 de dollars), de l'Allemagne (11 259,5 de dollars), de la France (10 578,2 de dollars) et du Royaume-Uni (10 233,8 de dollars). La croissance des services au Maroc était supérieure à celle de l'Allemagne (3,2%), du Royaume-Uni (3,0%), des États-Unis (2,3%), du Japon (1,7%) et de la France (1,6%).

Les années 2000

La valeur des services au Maroc était de 20,4 milliards de dollars par an dans les années 2000, se classant au 55ème rang mondial à égalité avec le Luxembourg (20,1 milliards de dollars). La part dans le monde était de 0,10% et de 7,2% en Afrique.

La part des services dans l'économie du Maroc était de 36,3% dans les années 2000, au 95ème rang mondial, à égalité avec Nauru (36,4%), le Chili (36,1%), les Îles Turks-et-Caïcos (36,5%).

Les services par habitant au Maroc étaient de 673.3 dollars dans les années 2000, se classant au 128ème rang mondial, à égalité avec les Samoa (671,8 de dollars), le Cap-Vert (688,3 de dollars). Les services par habitant au Maroc étaient 4,5 fois inférieures les services par habitant au Monde (3 011,2 US$), et 2,1 fois supérieures les services par habitant en Afrique (314,3 US$).

La croissance des services au Maroc était de 5.1% dans les années 2000, se situant au 59ème rang mondial, à égalité avec l'Égypte (5,0%), le Lesotho (5,1%), l'Afrique (5,1%). La croissance des services au Maroc (5,1%) a été supérieure à celle du monde (2,9%), et inférieure à celle de l'Afrique (5,1%).

Comparaison avec les voisins. La valeur des services au Maroc était supérieure à celle de l'Algérie (15,1 milliards de dollars) et de la Mauritanie (682,0 millions de dollars); mais inférieure à celle de l'Espagne (404,5 milliards de dollars). Les services par habitant au

Maroc étaient supérieures à celles de l'Algérie (456,5 de dollars) et de la Mauritanie (227,8 de dollars); mais inférieures à celles de l'Espagne (9 259,8 de dollars). La croissance des services au Maroc était supérieure à celle de l'Algérie (4,4%), de l'Espagne (4,4%) et de la Mauritanie (-0,051%).

Comparaison avec les leaders. La valeur ajoutée des services au Maroc était inférieure à celle des États-Unis (6,7 billions de dollars), du Japon (2,0 billions de dollars), de l'Allemagne (1,2 billions de dollars), du Royaume-Uni (1,1 billions de dollars) et de la France (997,0 milliards de dollars). Les services par habitant au Maroc étaient inférieures à celles des États-Unis (22 883,5 de dollars), du Royaume-Uni (18 012,4 de dollars), de la France (15 875,1 de dollars), du Japon (15 302,2 de dollars) et de l'Allemagne (14 979,9 de dollars). La croissance des services au Maroc était supérieure à celle du Royaume-Uni (2,7%), des États-Unis (2,0%), de la France (1,5%), du Japon (1,2%) et de l'Allemagne (0,57%).

Les années 2010

Les services du Maroc étaient de 36,5 milliards de dollars par an dans les années 2010, au 60ème rang mondial à égalité avec Porto Rico (36,5 milliards de dollars), le Luxembourg (35,7 milliards de dollars). La part dans le monde était de 0,11% et de 5,9% en Afrique.

La part des services dans l'économie du Maroc était de 38,3% dans les années 2010, se situant au 89ème rang mondial, à égalité avec la Palestine (38,6%).

Les services par habitant au Maroc étaient de 1060.3 dollars dans les années 2010, se classant au 137ème rang mondial, à égalité avec le Cap-Vert (1 075,2 de dollars). Les services par habitant au Maroc étaient 4,2 fois inférieures les services par habitant au Monde (4 467,8 US$), et 2,0 fois supérieures les services par habitant en Afrique (528,2 US$).

La croissance des services au Maroc était de 4.8% dans les années 2010, au 64ème rang mondial, à égalité avec l'Albanie (4,7%), la Gambie (4,7%), les Seychelles (4,7%). La croissance des services au Maroc (4,8%) a été supérieure à celle du monde (2,7%), et supérieure à celle de l'Afrique (3,4%).

Comparaison avec les voisins. Le secteur des services au Maroc était 23,1 fois supérieur à celui de la Mauritanie (1,6 milliards de dollars); mais 16,0 fois inférieur à celui de l'Espagne (582,7 milliards de dollars) et 10,0% inférieur à celui de l'Algérie (40,5 milliards de dollars). Les services par habitant au Maroc étaient 3,0% supérieures à celles de l'Algérie (1 029,1 de dollars) et 2,7 fois supérieures à celles de la Mauritanie (394,6 de dollars); mais 11,7 fois inférieures à celles de l'Espagne (12 445,9 de dollars). La croissance des services au Maroc était supérieure à celle de la Mauritanie (4,7%), de l'Algérie (4,1%) et de l'Espagne (1,2%).

Comparaison avec les leaders. La valeur ajoutée des services au Maroc était 272,8 fois inférieure à celle des États-Unis (10,0 billions de dollars), 97,2 fois inférieure à celle de la Chine (3,5 billions de dollars), 62,3 fois inférieure à celle du Japon (2,3 billions de dollars), 44,1 fois inférieure à celle de l'Allemagne (1,6 billions de dollars) et 37,1 fois inférieure à celle du Royaume-Uni (1,4 billions de dollars). Les services par habitant au Maroc étaient 29,4 fois inférieures à celles des États-Unis (31 159,6 de dollars), 19,5 fois inférieures à celles du Royaume-Uni (20 663,8 de dollars), 18,5 fois inférieures à celles de l'Allemagne (19 637,7 de dollars), 16,8 fois inférieures à celles du Japon (17 771,8 de dollars) et 2,4 fois inférieures à celles de la Chine (2 529,2 de dollars). La croissance des services au Maroc était supérieure à celle des États-Unis (1,8%), du Royaume-Uni (1,7%), de l'Allemagne (1,2%) et du Japon (0,99%); mais inférieure à celle de la Chine (8,4%).

Partie III. Relations extérieures

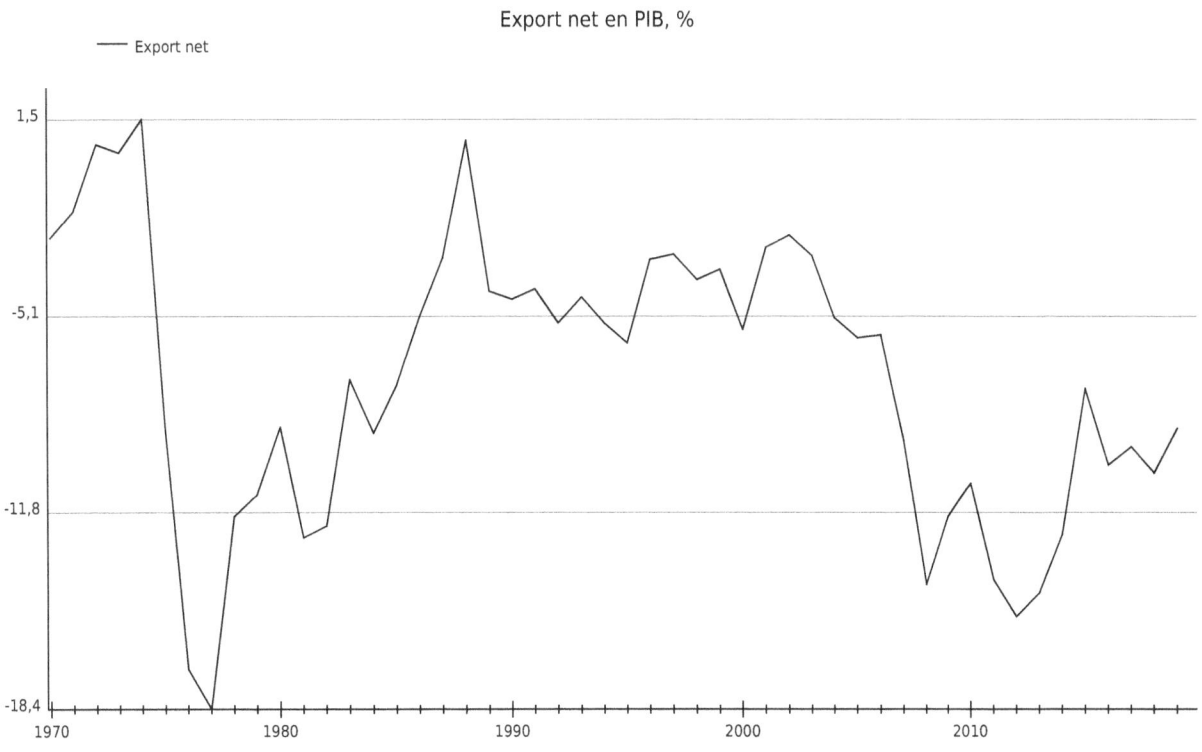

Chapitre X. Exportations

La valeur des exportations au Maroc est passé de 2,1 milliards de dollars par an dans les années 1970 à 37,8 milliards de dollars par an dans les années 2010, c'est-à-dire 35,7 milliards de dollars ou de 18,4 fois. La variation a été de 18,3 milliards de dollars en raison de l'augmentation de 1,9 fois des prix, et de 15,5 milliards de dollars en raison de la croissance du taux par habitant de 4,9 fois, et de 1,9 milliards de dollars en raison de la croissance démographique. La croissance annuelle moyenne des exportations était de 5,8%. La valeur minimale était de 858,3 millions de dollars en 1970. La valeur maximale était de 46,8 milliards de dollars en 2019.

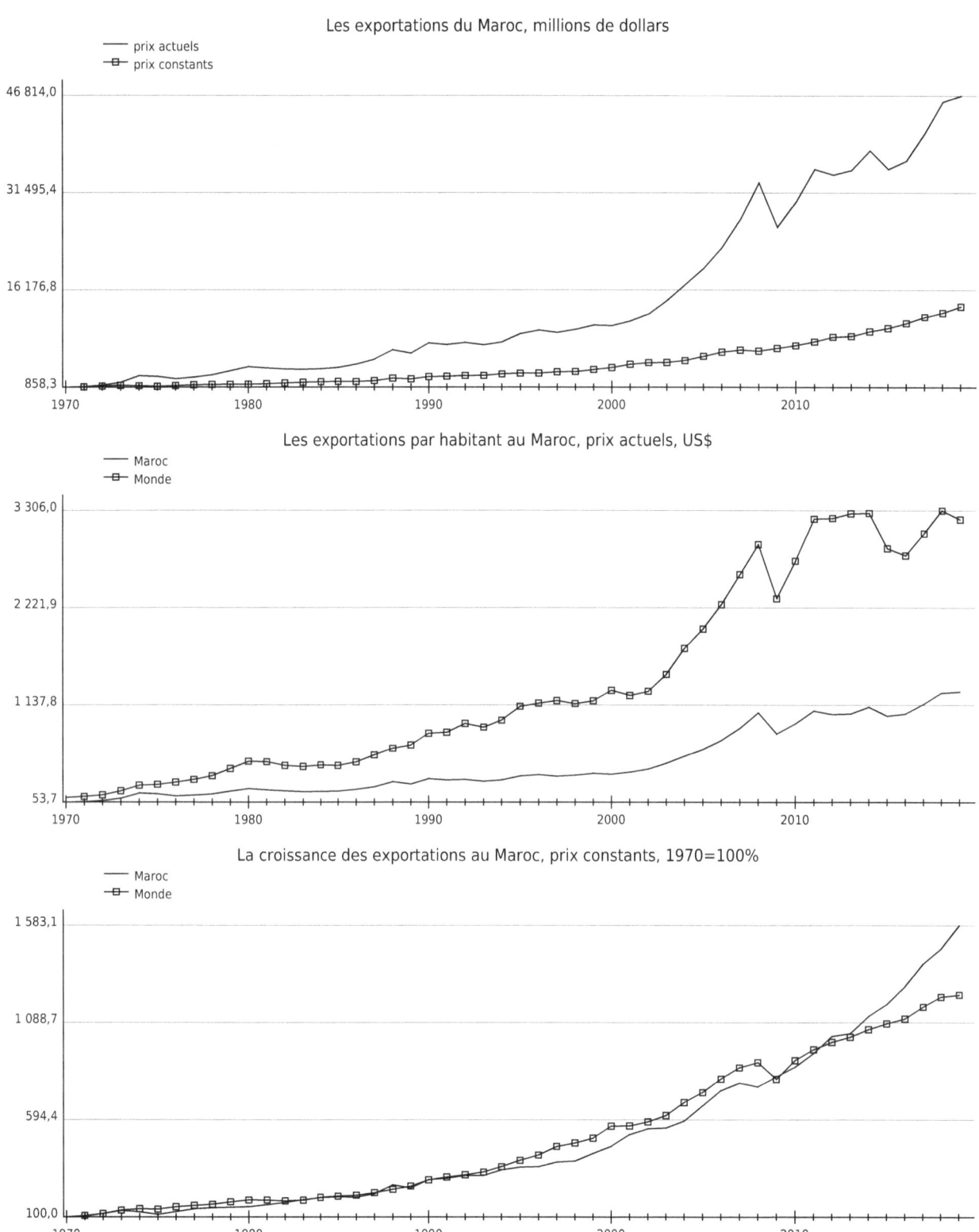

Chapitre X. Exportations

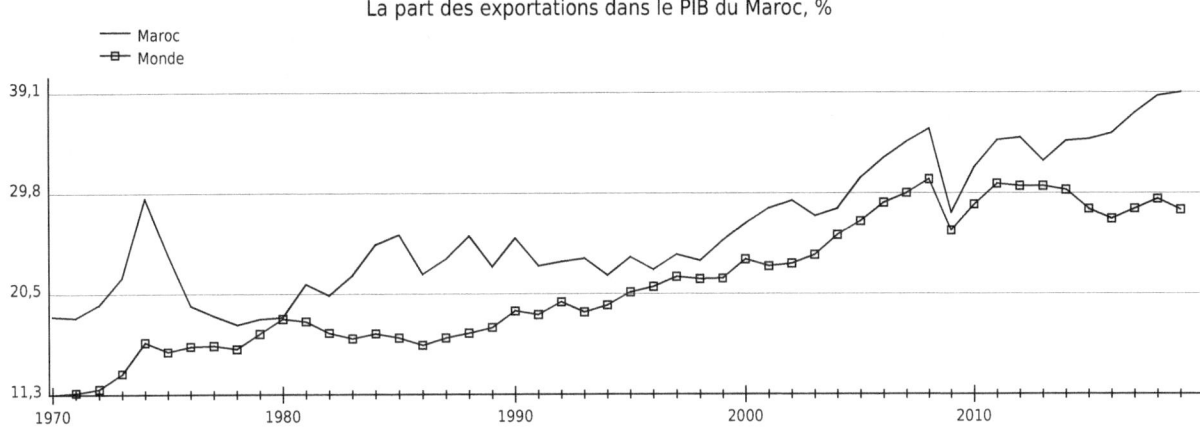

Les années 1970

Les exportations du Maroc étaient de 2,1 milliards de dollars par an dans les années 1970, se situant au 58ème rang mondial à égalité avec le Pérou (2,0 milliards de dollars). La part dans le monde était de 0,21% et de 3,6% en Afrique.

La part des exportations dans le PIB du Maroc était de 20,3% dans les années 1970, se classant au 115ème rang mondial, à égalité avec Sao Tomé-et-Principe (20,2%), la Polynésie (20,5%).

Les exportations par habitant au Maroc étaient de 116.1 dollars dans les années 1970, se classant au 130ème rang mondial, à égalité avec Sao Tomé-et-Principe (118,5 de dollars). Les exportations par habitant au Maroc étaient 2,1 fois inférieures les exportations par habitant au Monde (242,1 US$), et 15,3% inférieures les exportations par habitant en Afrique (137,0 US$).

La croissance des exportations au Maroc était de 4.5% dans les années 1970, se situant au 108ème rang mondial, à égalité avec le Portugal (4,5%). La croissance des exportations au Maroc (4,5%) a été inférieure à celle du monde (6,5%), et inférieure à celle de l'Afrique (5,7%).

Comparaison avec les voisins. Les exportations du Maroc étaient supérieures à celles de la Mauritanie (196,6 millions de dollars); mais inférieures à celles de l'Espagne (14,1 milliards de dollars) et de l'Algérie (4,6 milliards de dollars). Les exportations par habitant au Maroc étaient inférieures à celles de l'Espagne (394,2 de dollars), de l'Algérie (276,8 de dollars) et de la Mauritanie (149,5 de dollars). La croissance des exportations au Maroc était supérieure à celle de l'Algérie (2,5%) et de la Mauritanie (-1,4%); mais inférieure à celle de l'Espagne (7,6%).

Comparaison avec les leaders. La valeur des exportations au Maroc était inférieure à celle des États-Unis (128,0 milliards de dollars), de l'Allemagne (82,9 milliards de dollars), de la France (64,3 milliards de dollars), du Japon (64,1 milliards de dollars) et du Royaume-Uni (61,3 milliards de dollars). Les exportations par habitant au Maroc étaient inférieures à celles de la France (1 199,1 de dollars), du Royaume-Uni (1 094,1 de dollars), de l'Allemagne (1 052,2 de dollars), des États-Unis (586,5 de dollars) et du Japon (575,8 de dollars). La croissance des exportations au Maroc était inférieure à celle du Japon (8,6%), de la France (7,8%), des États-Unis (6,8%), de l'Allemagne (5,1%) et du Royaume-Uni (5,0%).

Les années 1980

Les exportations du Maroc étaient de 4,5 milliards de dollars par an dans les années 1980, se classant au 57ème rang mondial. La part dans le monde était de 0,18% et de 4,2% en Afrique.

La part des exportations dans le PIB du Maroc était de 22,8% dans les années 1980, se situant au 107ème rang mondial, à égalité avec le Guatemala (22,8%), l'Algérie (22,7%).

Les exportations par habitant au Maroc étaient de 204.7 dollars dans les années 1980, se classant au 123ème rang mondial, à égalité avec les Samoa (204,3 de dollars), la Syrie (203,8 de dollars), l'Afrique (201,4 de dollars). Les exportations par habitant au Maroc étaient 2,6 fois inférieures les exportations par habitant au Monde (529,9 US$), et 1,6% supérieures les exportations par habitant en Afrique (201,4 US$).

La croissance des exportations au Maroc était de 5.3% dans les années 1980, se classant au 59ème rang mondial. La croissance des exportations au Maroc (5,3%) a été supérieure à celle du monde (3,8%), et supérieure à celle de l'Afrique (-0,87%).

Comparaison avec les voisins. Les exportations du Maroc étaient supérieures à celles de la Mauritanie (455,2 millions de dollars); mais inférieures à celles de l'Espagne (44,3 milliards de dollars) et de l'Algérie (12,1 milliards de dollars). Les exportations par habitant au Maroc étaient inférieures à celles de l'Espagne (1 148,2 de dollars), de l'Algérie (546,2 de dollars) et de la Mauritanie (259,0 de dollars). La croissance des exportations au Maroc était supérieure à celle de l'Espagne (5,1%) et de l'Algérie (2,4%); mais inférieure à celle de la Mauritanie (7,0%).

Comparaison avec les leaders. Les exportations du Maroc étaient inférieures à celles des États-Unis (338,6 milliards de dollars), du Japon (210,6 milliards de dollars), de l'Allemagne (208,1 milliards de dollars), de la France (155,9 milliards de dollars) et du Royaume-Uni (155,0 milliards de dollars). Les exportations par habitant au Maroc étaient inférieures à celles de la France (2 757,6 de dollars), du Royaume-Uni (2 744,8 de dollars), de l'Allemagne (2 667,0 de dollars), du Japon (1 736,5 de dollars) et des États-Unis (1 413,8 de dollars). La croissance des exportations au Maroc était supérieure à celle de l'Allemagne (4,7%), de la France (4,0%) et du Royaume-Uni (3,0%); mais inférieure à celle du Japon (6,7%) et des États-Unis (5,7%).

Les années 1990

Les exportations du Maroc étaient de 8,8 milliards de dollars par an dans les années 1990, se situant au 56ème rang mondial à égalité avec la Biélorussie (8,7 milliards de dollars), la Slovaquie (8,6 milliards de dollars), le Pakistan (8,6 milliards de dollars). La part dans le monde était de 0,15% et de 6,1% en Afrique.

La part des exportations dans le PIB du Maroc était de 23,8% dans les années 1990, se situant au 127ème rang mondial, à égalité avec le Laos (23,8%), le Cambodge (24,0%), la Mauritanie (24,0%).

Les exportations par habitant au Maroc étaient de 328.1 dollars dans les années 1990, se classant au 131ème rang mondial, à égalité avec les Samoa (323,2 de dollars), l'Afrique du Nord (321,0 de dollars), l'Asie centrale (320,5 de dollars). Les exportations par habitant au Maroc étaient 3,1 fois inférieures les exportations par habitant au Monde (1 029,5 US$), et 62,3% supérieures les exportations par habitant en Afrique (202,1 US$).

La croissance des exportations au Maroc était de 5.5% dans les années 1990, au 95ème rang mondial, à égalité avec l'Eswatini (5,5%), le Brésil (5,5%), la Dominique (5,5%). La croissance des exportations au Maroc (5,5%) a été inférieure à celle du monde (6,9%), et supérieure à celle de l'Afrique (2,5%).

Comparaison avec les voisins. Les exportations du Maroc étaient supérieures à celles de la Mauritanie (545,4 millions de dollars); mais inférieures à celles de l'Espagne (124,1 milliards de dollars) et de l'Algérie (12,5 milliards de dollars). Les exportations par habitant au Maroc étaient supérieures à celles de la Mauritanie (238,2 de dollars); mais inférieures à celles de l'Espagne (3 121,4 de dollars) et de l'Algérie (441,0 de dollars). La croissance des exportations au Maroc était supérieure à celle de l'Algérie (2,8%) et de la Mauritanie (1,6%); mais inférieure à celle de l'Espagne (9,4%).

Comparaison avec les leaders. Les exportations du Maroc étaient inférieures à celles des États-Unis (773,6 milliards de dollars), de l'Allemagne (509,0 milliards de dollars), du Japon (418,7 milliards de dollars), de la France (329,8 milliards de dollars) et du Royaume-Uni (324,3 milliards de dollars). Les exportations par habitant au Maroc étaient inférieures à celles de l'Allemagne (6 311,2 de dollars), du Royaume-Uni (5 602,2 de dollars), de la France (5 553,9 de dollars), du Japon (3 320,8 de dollars) et des États-Unis (2 925,3 de dollars). La croissance des exportations au Maroc était supérieure à celle du Japon (4,2%); mais inférieure à celle des États-Unis (7,2%), de la France (6,5%), de l'Allemagne (6,0%) et du Royaume-Uni (5,7%).

Les années 2000

La valeur des exportations au Maroc était de 19,4 milliards de dollars par an dans les années 2000, se situant au 64ème rang mondial. La part dans le monde était de 0,15% et de 5,4% en Afrique.

La structure des exportations: produits primaires (22,6%), articles manufacturés provenant de ressources naturelles (21,4%), articles manufacturés à faible technologie (31,8%), articles manufacturés de technologie moyenne (15,1%), articles manufacturés à haute technologie (7,4%).

Le Maroc a exporté des marchandises vers la France (26,3%), l'Espagne (18,6%), le Royaume-Uni (5,8%), l'Italie (5,0%), l'Inde (4,0%) et d'autres pays (40,2%).

La part des exportations dans le PIB du Maroc était de 30,9% dans les années 2000, au 121ème rang mondial, à égalité avec l'Afrique australe (30,9%).

Chapitre X. Exportations

Les exportations par habitant au Maroc étaient de 641.4 dollars dans les années 2000, se classant au 132ème rang mondial, à égalité avec la Syrie (626,8 de dollars). Les exportations par habitant au Maroc étaient 3,0 fois inférieures les exportations par habitant au Monde (1 933,7 US$), et 61,0% supérieures les exportations par habitant en Afrique (398,4 US$).

La croissance des exportations au Maroc était de 6.7% dans les années 2000, se situant au 71ème rang mondial, à égalité avec la Slovénie (6,7%), l'Asie du Sud-Est (6,7%). La croissance des exportations au Maroc (6,7%) a été supérieure à celle du monde (4,8%), et supérieure à celle de l'Afrique (5,3%).

Comparaison avec les voisins. La valeur des exportations au Maroc était supérieure à celle de la Mauritanie (1,0 milliards de dollars); mais inférieure à celle de l'Espagne (278,3 milliards de dollars) et de l'Algérie (42,3 milliards de dollars). Les exportations par habitant au Maroc étaient supérieures à celles de la Mauritanie (348,4 de dollars); mais inférieures à celles de l'Espagne (6 372,0 de dollars) et de l'Algérie (1 281,2 de dollars). La croissance des exportations au Maroc était supérieure à celle de la Mauritanie (5,9%), de l'Espagne (2,5%) et de l'Algérie (0,89%).

Comparaison avec les leaders. Les exportations du Maroc étaient inférieures à celles des États-Unis (1,3 billions de dollars), de l'Allemagne (1,0 billions de dollars), de la Chine (780,2 milliards de dollars), du Japon (626,3 milliards de dollars) et du Royaume-Uni (591,1 milliards de dollars). Les exportations par habitant au Maroc étaient supérieures à celles de la Chine (588,1 de dollars); mais inférieures à celles de l'Allemagne (12 836,9 de dollars), du Royaume-Uni (9 780,7 de dollars), du Japon (4 886,4 de dollars) et des États-Unis (4 488,4 de dollars). La croissance des exportations au Maroc était supérieure à celle de l'Allemagne (5,0%), du Japon (3,5%), des États-Unis (3,3%) et du Royaume-Uni (2,8%); mais inférieure à celle de la Chine (12,7%).

Les années 2010

La valeur des exportations au Maroc était de 37,8 milliards de dollars par an dans les années 2010, se situant au 65ème rang mondial à égalité avec la Slovénie (37,5 milliards de dollars). La part dans le monde était de 0,17% et de 6,1% en Afrique.

La structure des exportations: produits primaires (20,4%), articles manufacturés provenant de ressources naturelles (19,6%), articles manufacturés à faible technologie (21,6%), articles manufacturés de technologie moyenne (31,4%), articles manufacturés à haute technologie (5,5%).

Le Maroc a exporté des marchandises vers l'Espagne (21,1%), la France (20,3%), le Brésil (4,7%), l'Inde (4,4%), les États-Unis (4,3%) et d'autres pays (45,3%).

La part des exportations dans le PIB du Maroc était de 35,6% dans les années 2010, au 109ème rang mondial, à égalité avec le Laos (35,7%), la Bosnie-Herzégovine (35,8%).

Les exportations par habitant au Maroc étaient de 1097.9 dollars dans les années 2010, se situant au 140ème rang mondial. Les exportations par habitant au Maroc étaient 2,8 fois inférieures les exportations par habitant au Monde (3 098,9 US$), et 2,1 fois supérieures les exportations par habitant en Afrique (534,3 US$).

La croissance des exportations au Maroc était de 6.9% dans les années 2010, se situant au 43ème rang mondial, à égalité avec l'Afrique de l'Ouest (6,9%), la République dominicaine (6,9%). La croissance des exportations au Maroc (6,9%) a été supérieure à celle du monde (4,4%), et supérieure à celle de l'Afrique (-1,2%).

Comparaison avec les voisins. Les exportations du Maroc étaient 13,7 fois supérieures à celles de la Mauritanie (2,8 milliards de dollars); mais 11,6 fois inférieures à celles de l'Espagne (439,4 milliards de dollars) et 30,7% inférieures à celles de l'Algérie (54,6 milliards de dollars). Les exportations par habitant au Maroc étaient 59,2% supérieures à celles de la Mauritanie (689,6 de dollars); mais 8,5 fois inférieures à celles de l'Espagne (9 385,4 de dollars) et 20,7% inférieures à celles de l'Algérie (1 384,6 de dollars). La croissance des exportations au Maroc était supérieure à celle de l'Espagne (4,7%), de la Mauritanie (2,7%) et de l'Algérie (-1,9%).

Comparaison avec les leaders. Les exportations du Maroc étaient 60,7 fois inférieures à celles de la Chine (2,3 billions de dollars), 60,1 fois inférieures à celles des États-Unis (2,3 billions de dollars), 44,5 fois inférieures à celles de l'Allemagne (1,7 billions de dollars), 22,7 fois inférieures à celles du Japon (859,4 milliards de dollars) et 21,6 fois inférieures à celles du Royaume-Uni (815,1 milliards de dollars). Les exportations par habitant au Maroc étaient 18,7 fois inférieures à celles de l'Allemagne (20 563,4 de dollars), 11,3 fois inférieures à celles du Royaume-Uni (12 425,4 de dollars), 6,5 fois inférieures à celles des États-Unis (7 104,2 de dollars), 6,1 fois inférieures à celles du Japon (6 718,2 de dollars) et 32,9% inférieures à celles de la Chine (1 635,3 de dollars). La croissance des exportations au Maroc était supérieure à celle de la Chine (6,8%), de l'Allemagne (4,7%), du Japon (4,6%), des États-Unis (3,7%) et du Royaume-Uni (3,1%).

Chapitre XI. Importations

Les importations du Maroc sont passés de 3,0 milliards de dollars par an dans les années 1970 à 49,8 milliards de dollars par an dans les années 2010, c'est-à-dire 46,8 milliards de dollars ou de 16,8 fois. La variation a été de 31,1 milliards de dollars en raison de l'augmentation de 2,7 fois des prix, et de 12,9 milliards de dollars en raison de la croissance du taux par habitant de 3,2 fois, et de 2,8 milliards de dollars en raison de la croissance démographique. La croissance annuelle moyenne des importations était de 5,0%. La valeur minimale était de 974,6 millions de dollars en 1970. La valeur maximale était de 58,1 milliards de dollars en 2018.

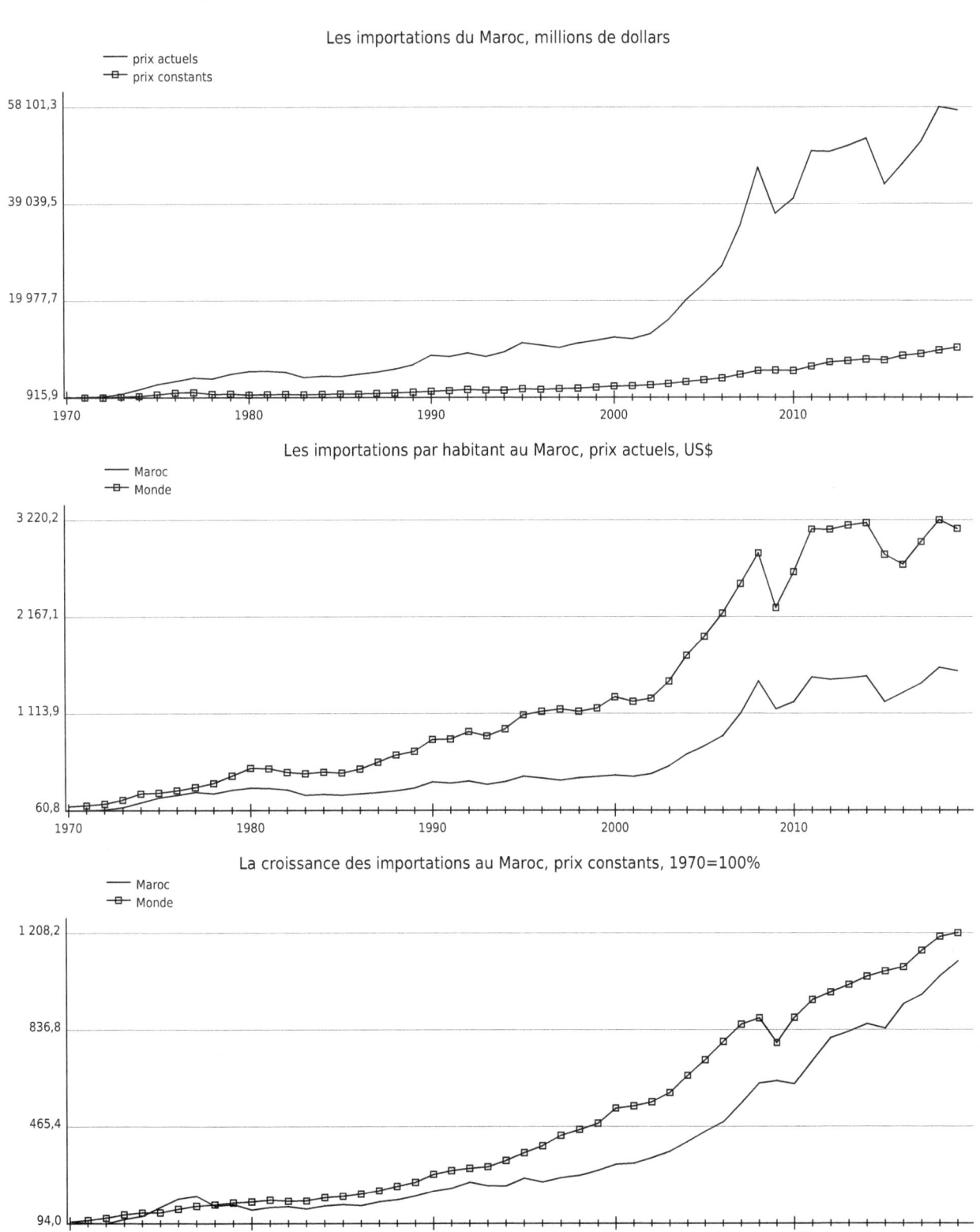

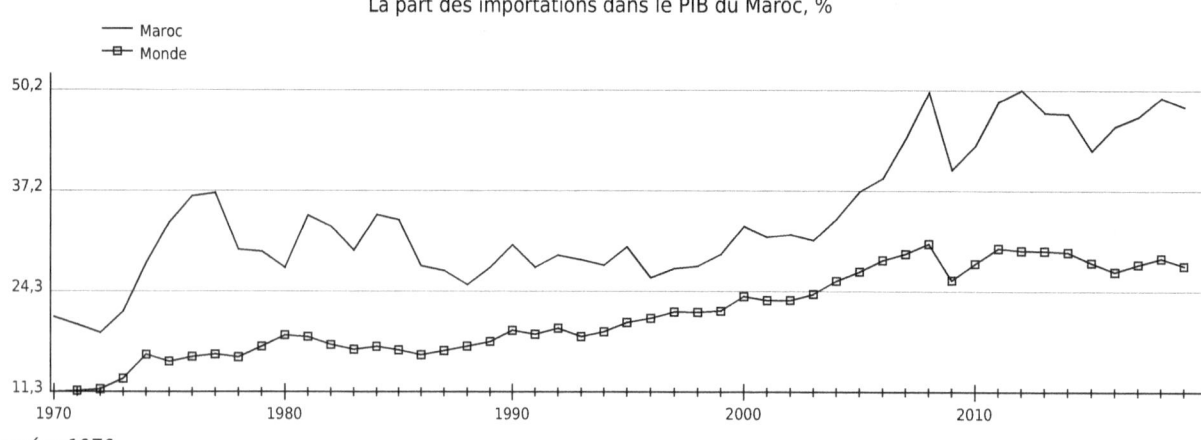

La part des importations dans le PIB du Maroc, %

Les années 1970

Les importations du Maroc étaient de 3,0 milliards de dollars par an dans les années 1970, se classant au 52ème rang mondial à égalité avec les Émirats arabes unis (2,9 milliards de dollars). La part dans le monde était de 0,30% et de 5,1% en Afrique.

La part des importations dans le PIB du Maroc était de 29,4% dans les années 1970, au 108ème rang mondial, à égalité avec le Tchad (29,5%), l'Arabie saoudite (29,3%), le Koweït (29,5%).

Les importations par habitant au Maroc étaient de 168 dollars dans les années 1970, se classant au 123ème rang mondial, à égalité avec la Guinée-Bissau (166,7 de dollars), Sao Tomé-et-Principe (166,0 de dollars), le Mexique (171,5 de dollars). Les importations par habitant au Maroc étaient 31,2% inférieures les importations par habitant au Monde (244,3 US$), et 17,8% supérieures les importations par habitant en Afrique (142,6 US$).

La croissance des importations au Maroc était de 5.8% dans les années 1970, se classant au 97ème rang mondial, à égalité avec le Qatar (5,8%). La croissance des importations au Maroc (5,8%) a été inférieure à celle du monde (6,3%), et inférieure à celle de l'Afrique (6,7%).

Comparaison avec les voisins. La valeur des importations au Maroc était supérieure à celle de la Mauritanie (290,6 millions de dollars); mais inférieure à celle de l'Espagne (16,3 milliards de dollars) et de l'Algérie (5,6 milliards de dollars). Les importations par habitant au Maroc étaient inférieures à celles de l'Espagne (457,1 de dollars), de l'Algérie (338,3 de dollars) et de la Mauritanie (221,0 de dollars). La croissance des importations au Maroc était inférieure à celle de l'Algérie (10,6%), de la Mauritanie (9,1%) et de l'Espagne (6,7%).

Comparaison avec les leaders. Les importations du Maroc étaient inférieures à celles des États-Unis (133,2 milliards de dollars), de l'Allemagne (92,5 milliards de dollars), de la France (63,3 milliards de dollars), du Royaume-Uni (62,4 milliards de dollars) et du Japon (61,0 milliards de dollars). Les importations par habitant au Maroc étaient inférieures à celles de la France (1 181,1 de dollars), de l'Allemagne (1 175,1 de dollars), du Royaume-Uni (1 113,2 de dollars), des États-Unis (610,4 de dollars) et du Japon (547,6 de dollars). La croissance des importations au Maroc était supérieure à celle de l'Allemagne (5,6%), des États-Unis (5,1%) et du Royaume-Uni (4,5%); mais inférieure à celle de la France (7,2%) et du Japon (7,0%).

Les années 1980

La valeur des importations au Maroc était de 5,8 milliards de dollars par an dans les années 1980, au 57ème rang mondial à égalité avec l'Argentine (5,8 milliards de dollars). La part dans le monde était de 0,22% et de 5,2% en Afrique.

La part des importations dans le PIB du Maroc était de 29,3% dans les années 1980, se classant au 107ème rang mondial, à égalité avec la Suède (29,3%).

Les importations par habitant au Maroc étaient de 262.3 dollars dans les années 1980, se classant au 123ème rang mondial, à égalité avec la Thaïlande (262,0 de dollars), le Guatemala (261,1 de dollars), la Zambie (257,3 de dollars). Les importations par habitant au Maroc étaient 2,1 fois inférieures les importations par habitant au Monde (539,1 US$), et 26,1% supérieures les importations par habitant en Afrique (208,0 US$).

La croissance des importations au Maroc était de 1.8% dans les années 1980, au 119ème rang mondial. La croissance des importations au Maroc (1,8%) a été inférieure à celle du monde (3,8%), et supérieure à celle de l'Afrique (-3,1%).

Chapitre XI. Importations

Comparaison avec les voisins. La valeur des importations au Maroc était supérieure à celle de la Mauritanie (652,9 millions de dollars); mais inférieure à celle de l'Espagne (48,5 milliards de dollars) et de l'Algérie (12,5 milliards de dollars). Les importations par habitant au Maroc étaient inférieures à celles de l'Espagne (1 258,3 de dollars), de l'Algérie (565,6 de dollars) et de la Mauritanie (371,5 de dollars). La croissance des importations au Maroc était supérieure à celle de la Mauritanie (1,2%) et de l'Algérie (-0,90%); mais inférieure à celle de l'Espagne (8,1%).

Comparaison avec les leaders. La valeur des importations au Maroc était inférieure à celle des États-Unis (417,2 milliards de dollars), de l'Allemagne (225,6 milliards de dollars), du Japon (175,9 milliards de dollars), de la France (162,0 milliards de dollars) et du Royaume-Uni (157,7 milliards de dollars). Les importations par habitant au Maroc étaient inférieures à celles de l'Allemagne (2 891,9 de dollars), de la France (2 867,2 de dollars), du Royaume-Uni (2 793,0 de dollars), des États-Unis (1 742,4 de dollars) et du Japon (1 450,4 de dollars). La croissance des importations au Maroc était inférieure à celle des États-Unis (5,8%), du Royaume-Uni (5,1%), du Japon (4,6%), de la France (4,3%) et de l'Allemagne (3,3%).

Les années 1990

Les importations du Maroc étaient de 10,4 milliards de dollars par an dans les années 1990, au 54ème rang mondial à égalité avec le Pakistan (10,2 milliards de dollars), le Kazakhstan (10,6 milliards de dollars). La part dans le monde était de 0,18% et de 6,9% en Afrique.

La part des importations dans le PIB du Maroc était de 28,1% dans les années 1990, se classant au 145ème rang mondial, à égalité avec l'Europe du Nord (28,1%), la Bolivie (28,2%), la Mauritanie (28,0%).

Les importations par habitant au Maroc étaient de 387.8 dollars dans les années 1990, se classant au 143ème rang mondial, à égalité avec la Serbie (394,0 de dollars), l'Asie centrale (378,9 de dollars). Les importations par habitant au Maroc étaient 2,6 fois inférieures les importations par habitant au Monde (1 015,5 US$), et 83,5% supérieures les importations par habitant en Afrique (211,4 US$).

La croissance des importations au Maroc était de 4.1% dans les années 1990, se classant au 110ème rang mondial, à égalité avec l'Afrique de l'Ouest (4,1%). La croissance des importations au Maroc (4,1%) a été inférieure à celle du monde (6,6%), et supérieure à celle de l'Afrique (3,8%).

Comparaison avec les voisins. Les importations du Maroc étaient supérieures à celles de la Mauritanie (636,1 millions de dollars); mais inférieures à celles de l'Espagne (134,4 milliards de dollars) et de l'Algérie (11,8 milliards de dollars). Les importations par habitant au Maroc étaient supérieures à celles de la Mauritanie (277,8 de dollars); mais inférieures à celles de l'Espagne (3 381,7 de dollars) et de l'Algérie (415,3 de dollars). La croissance des importations au Maroc était supérieure à celle de la Mauritanie (2,2%) et de l'Algérie (-2,7%); mais inférieure à celle de l'Espagne (9,1%).

Comparaison avec les leaders. Les importations du Maroc étaient inférieures à celles des États-Unis (874,1 milliards de dollars), de l'Allemagne (501,6 milliards de dollars), du Japon (355,9 milliards de dollars), du Royaume-Uni (330,2 milliards de dollars) et de la France (308,5 milliards de dollars). Les importations par habitant au Maroc étaient inférieures à celles de l'Allemagne (6 220,3 de dollars), du Royaume-Uni (5 705,3 de dollars), de la France (5 194,4 de dollars), des États-Unis (3 305,6 de dollars) et du Japon (2 822,9 de dollars). La croissance des importations au Maroc était supérieure à celle du Japon (3,3%); mais inférieure à celle des États-Unis (8,3%), de l'Allemagne (6,4%), de la France (5,1%) et du Royaume-Uni (5,1%).

Les années 2000

La valeur des importations au Maroc était de 24,3 milliards de dollars par an dans les années 2000, se situant au 58ème rang mondial. La part dans le monde était de 0,20% et de 7,2% en Afrique.

La structure des importations: produits primaires (26,4%), articles manufacturés provenant de ressources naturelles (15,4%), articles manufacturés à faible technologie (16,4%), articles manufacturés de technologie moyenne (30,1%), articles manufacturés à haute technologie (10,6%).

Le Maroc a importé des marchandises en provenance la France (19,0%), l'Espagne (14,5%), l'Italie (6,6%), l'Allemagne (6,2%), la Chine (6,1%) et d'autres pays (47,6%).

La part des importations dans le PIB du Maroc était de 38,6% dans les années 2000, se classant au 123ème rang mondial, à égalité avec le Mozambique (38,6%), la Côte d'Ivoire (38,8%), la Pologne (38,3%).

Les importations par habitant au Maroc étaient de 800.6 dollars dans les années 2000, se classant au 135ème rang mondial, à égalité avec l'Arménie (798,0 de dollars), le Paraguay (792,5 de dollars), la Géorgie (815,8 de dollars). Les importations par habitant au Maroc étaient 2,4 fois inférieures les importations par habitant au Monde (1 899,9 US$), et 2,2 fois supérieures les importations par habitant en Afrique (369,3 US$).

La croissance des importations au Maroc était de 8% dans les années 2000, au 59ème rang mondial. La croissance des importations au Maroc (8,0%) a été supérieure à celle du monde (5,1%), et supérieure à celle de l'Afrique (7,6%).

Comparaison avec les voisins. Les importations du Maroc étaient supérieures à celles de la Mauritanie (1,4 milliards de dollars); mais inférieures à celles de l'Espagne (319,1 milliards de dollars) et de l'Algérie (25,9 milliards de dollars). Les importations par habitant au Maroc étaient supérieures à celles de l'Algérie (783,0 de dollars) et de la Mauritanie (467,8 de dollars); mais inférieures à celles de l'Espagne (7 304,9 de dollars). La croissance des importations au Maroc était supérieure à celle de l'Espagne (2,8%); mais inférieure à celle de la Mauritanie (11,5%) et de l'Algérie (10,3%).

Comparaison avec les leaders. La valeur des importations au Maroc était inférieure à celle des États-Unis (1,9 billions de dollars), de l'Allemagne (914,7 milliards de dollars), du Royaume-Uni (641,8 milliards de dollars), de la Chine (641,1 milliards de dollars) et du Japon (566,4 milliards de dollars). Les importations par habitant au Maroc étaient supérieures à celles de la Chine (483,3 de dollars); mais inférieures à celles de l'Allemagne (11 237,8 de dollars), du Royaume-Uni (10 620,4 de dollars), des États-Unis (6 400,9 de dollars) et du Japon (4 418,9 de dollars). La croissance des importations au Maroc était supérieure à celle de l'Allemagne (3,7%), du Royaume-Uni (3,1%), des États-Unis (2,8%) et du Japon (1,8%); mais inférieure à celle de la Chine (15,1%).

Les années 2010

Les importations du Maroc étaient de 49,8 milliards de dollars par an dans les années 2010, au 60ème rang mondial à égalité avec le Kazakhstan (49,9 milliards de dollars), le Koweït (50,6 milliards de dollars). La part dans le monde était de 0,23% et de 7,2% en Afrique.

La structure des importations: produits primaires (22,5%), articles manufacturés provenant de ressources naturelles (21,4%), articles manufacturés à faible technologie (13,8%), articles manufacturés de technologie moyenne (32,0%), articles manufacturés à haute technologie (9,0%).

Le Maroc a importé des marchandises en provenance l'Espagne (18,5%), la France (12,9%), la Chine (7,9%), les États-Unis (5,8%), l'Allemagne (5,6%) et d'autres pays (49,3%).

La part des importations dans le PIB du Maroc était de 46,9% dans les années 2010, au 102ème rang mondial, à égalité avec l'Albanie (46,9%), Sainte-Lucie (46,7%), la Pologne (47,2%).

Les importations par habitant au Maroc étaient de 1447 dollars dans les années 2010, se situant au 142ème rang mondial, à égalité avec la Colombie (1 431,2 de dollars), le Honduras (1 428,1 de dollars), l'Algérie (1 467,8 de dollars). Les importations par habitant au Maroc étaient 2,1 fois inférieures les importations par habitant au Monde (3 015,6 US$), et 2,4 fois supérieures les importations par habitant en Afrique (592,1 US$).

La croissance des importations au Maroc était de 5.6% dans les années 2010, se situant au 62ème rang mondial, à égalité avec le Mexique (5,5%), l'Est (5,6%), d'Israël (5,6%). La croissance des importations au Maroc (5,6%) a été supérieure à celle du monde (4,4%), et supérieure à celle de l'Afrique (2,0%).

Comparaison avec les voisins. Les importations du Maroc étaient 15,2 fois supérieures à celles de la Mauritanie (3,3 milliards de dollars); mais 8,2 fois inférieures à celles de l'Espagne (406,8 milliards de dollars) et 13,9% inférieures à celles de l'Algérie (57,8 milliards de dollars). Les importations par habitant au Maroc étaient 75,9% supérieures à celles de la Mauritanie (822,4 de dollars); mais 6,0 fois inférieures à celles de l'Espagne (8 689,1 de dollars) et 1,4% inférieures à celles de l'Algérie (1 467,8 de dollars). La croissance des importations au Maroc était supérieure à celle de la Mauritanie (3,5%), de l'Espagne (2,5%) et de l'Algérie (1,5%).

Comparaison avec les leaders. La valeur des importations au Maroc était 56,6 fois inférieure à celle des États-Unis (2,8 billions de dollars), 41,5 fois inférieure à celle de la Chine (2,1 billions de dollars), 29,2 fois inférieure à celle de l'Allemagne (1,5 billions de dollars), 17,6 fois inférieure à celle du Japon (877,9 milliards de dollars) et 17,2 fois inférieure à celle du Royaume-Uni (854,8 milliards de dollars). Les importations par habitant au Maroc étaient 12,3 fois inférieures à celles de l'Allemagne (17 771,2 de dollars), 9,0 fois inférieures à celles du Royaume-Uni (13 030,6 de dollars), 6,1 fois inférieures à celles des États-Unis (8 817,8 de dollars), 4,7 fois inférieures à celles du Japon (6 862,7 de dollars) et 1,9% inférieures à celles de la Chine (1 475,4 de dollars). La croissance des importations au Maroc était supérieure à celle de l'Allemagne (4,8%), des États-Unis (4,4%), du Japon (3,8%) et du Royaume-Uni

(3,6%); mais inférieure à celle de la Chine (8,2%).

Partie IV. Consommation

Chapitre XII. Dépenses publiques

Dépenses de consommation des administrations publiques

Les dépense de consommation publique du Maroc sont passés de 1,6 milliards de dollars par an dans les années 1970 à 20,4 milliards de dollars par an dans les années 2010, c'est-à-dire 18,8 milliards de dollars ou de 12,8 fois. La variation a été de 10,6 milliards de dollars en raison de l'augmentation de 2,1 fois des prix, et de 6,7 milliards de dollars en raison de la croissance du taux par habitant de 3,2 fois, et de 1,5 milliards de dollars en raison de la croissance démographique. La croissance annuelle moyenne des dépenses publiques était de 5,5%. La valeur minimale était de 496,9 millions de dollars en 1970. La valeur maximale était de 23,2 milliards de dollars en 2019.

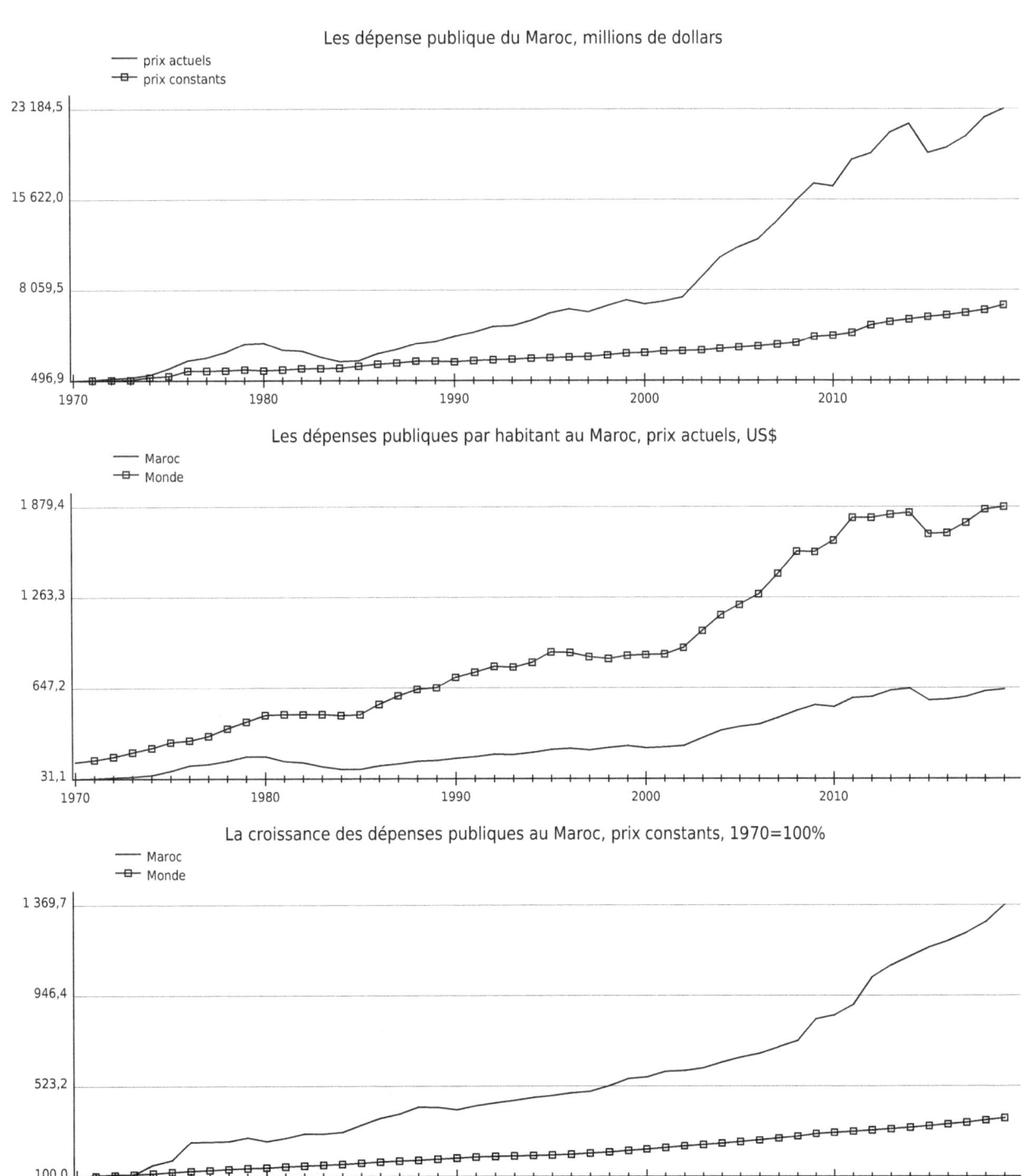

Les années 1970

Les dépense de consommation publique du Maroc étaient de 1,6 milliards de dollars par an dans les années 1970, au 53ème rang mondial à égalité avec le Nigeria (1,6 milliards de dollars), les Philippines (1,6 milliards de dollars), la Malaisie (1,6 milliards de dollars). La part dans le monde était de 0,15% et de 5,1% en Afrique.

La part des dépenses publiques dans le PIB du Maroc était de 15,8% dans les années 1970, se classant au 95ème rang mondial, à égalité avec le Liban (15,8%), la Tunisie (15,9%), le Panama (15,9%).

Les dépense de consommation publique par habitant au Maroc étaient de 90.5 dollars dans les années 1970, se situant au 120ème rang mondial. Les dépenses publiques par habitant au Maroc étaient 2,9 fois inférieures les dépenses publiques par habitant au Monde (265,2 US$), et 17,4% supérieures les dépense publique par habitant en Afrique (77,1 US$).

La croissance des dépenses publiques au Maroc était de 12.3% dans les années 1970, au 12ème rang mondial. La croissance des dépenses publiques au Maroc (12,3%) a été supérieure à celle du monde (3,7%), et supérieure à celle de l'Afrique (4,9%).

Comparaison avec les voisins. Les dépenses publiques du Maroc étaient supérieures à celles de la Mauritanie (266,9 millions de dollars); mais inférieures à celles de l'Espagne (12,3 milliards de dollars) et de l'Algérie (2,0 milliards de dollars). Les dépense de consommation publique par habitant au Maroc étaient inférieures à celles de l'Espagne (343,6 de dollars), de la Mauritanie (202,9 de dollars) et de l'Algérie (123,3 de dollars). La croissance des dépenses publiques au Maroc était supérieure à celle de l'Algérie (11,1%), de la Mauritanie (10,4%) et de l'Espagne (5,6%).

Comparaison avec les leaders. Les dépenses publiques du Maroc étaient inférieures à celles des États-Unis (285,9 milliards de dollars), de l'URSS (117,3 milliards de dollars), de l'Allemagne (95,6 milliards de dollars), du Japon (78,0 milliards de dollars) et de la France (64,5 milliards de dollars). Les dépenses publiques par habitant au Maroc étaient inférieures à celles des États-Unis (1 310,2 de dollars), de l'Allemagne (1 213,7 de dollars), de la France (1 202,3 de dollars), du Japon (700,2 de dollars) et de l'URSS (465,0 de dollars). La croissance des dépenses publiques au Maroc était supérieure à celle de l'URSS (7,2%), du Japon (5,3%), de la France (5,0%), de l'Allemagne (4,4%) et des États-Unis (0,94%).

Les années 1980

Les dépense de consommation publique du Maroc étaient de 2,9 milliards de dollars par an dans les années 1980, au 57ème rang mondial à égalité avec la Syrie (2,9 milliards de dollars), la Tanzanie (2,9 milliards de dollars), Porto Rico (3,0 milliards de dollars). La part dans le monde était de 0,12% et de 4,2% en Afrique.

La part des dépenses publiques dans le PIB du Maroc était de 14,8% dans les années 1980, se classant au 116ème rang mondial, à égalité avec le Rwanda (14,8%), la Jamaïque (14,9%), la Yougoslavie (14,9%).

Les dépense de consommation publique par habitant au Maroc étaient de 132.6 dollars dans les années 1980, au 129ème rang mondial, à égalité avec la Zambie (131,6 de dollars), la Tanzanie (134,7 de dollars), la Bulgarie (135,6 de dollars). Les dépense de consommation publique par habitant au Maroc étaient 3,9 fois inférieures les dépense de consommation publique par habitant au Monde (523,5 US$), et 3,3% supérieures les dépenses publiques par habitant en Afrique (128,3 US$).

La croissance des dépenses publiques au Maroc était de 4.1% dans les années 1980, se classant au 71ème rang mondial, à égalité avec l'Afrique du Sud (4,1%), le Sri Lanka (4,1%). La croissance des dépenses publiques au Maroc (4,1%) a été supérieure à celle du

Chapitre XII. Dépenses publiques

monde (2,7%), et supérieure à celle de l'Afrique (1,8%).

Comparaison avec les voisins. Les dépenses publiques du Maroc étaient supérieures à celles de la Mauritanie (393,2 millions de dollars); mais inférieures à celles de l'Espagne (37,9 milliards de dollars) et de l'Algérie (8,6 milliards de dollars). Les dépenses publiques par habitant au Maroc étaient inférieures à celles de l'Espagne (984,1 de dollars), de l'Algérie (390,6 de dollars) et de la Mauritanie (223,8 de dollars). La croissance des dépenses publiques au Maroc était supérieure à celle de l'Algérie (0,74%) et de la Mauritanie (-3,6%); mais inférieure à celle de l'Espagne (4,7%).

Comparaison avec les leaders. Les dépense publique du Maroc étaient inférieures à celles des États-Unis (665,3 milliards de dollars), du Japon (257,4 milliards de dollars), de l'Allemagne (203,7 milliards de dollars), de l'URSS (181,1 milliards de dollars) et de la France (159,8 milliards de dollars). Les dépenses publiques par habitant au Maroc étaient inférieures à celles de la France (2 826,9 de dollars), des États-Unis (2 778,2 de dollars), de l'Allemagne (2 611,1 de dollars), du Japon (2 122,5 de dollars) et de l'URSS (658,0 de dollars). La croissance des dépenses publiques au Maroc était supérieure à celle du Japon (3,5%), de la France (2,8%), des États-Unis (2,6%) et de l'Allemagne (0,98%); mais inférieure à celle de l'URSS (5,4%).

Les années 1990

Les dépense publique du Maroc étaient de 5,7 milliards de dollars par an dans les années 1990, se classant au 55ème rang mondial à égalité avec Porto Rico (5,8 milliards de dollars). La part dans le monde était de 0,12% et de 6,4% en Afrique.

La part des dépenses publiques dans le PIB du Maroc était de 15,5% dans les années 1990, se situant au 113ème rang mondial, à égalité avec le Yémen (15,5%), la Moldavie (15,5%), l'Amérique septentrionale (15,5%).

Les dépenses publiques par habitant au Maroc étaient de 213.9 dollars dans les années 1990, se classant au 131ème rang mondial, à égalité avec l'Équateur (213,1 de dollars), les Comores (210,9 de dollars). Les dépense publique par habitant au Maroc étaient 3,9 fois inférieures les dépense publique par habitant au Monde (824,8 US$), et 69,7% supérieures les dépense publique par habitant en Afrique (126,1 US$).

La croissance des dépenses publiques au Maroc était de 2.8% dans les années 1990, au 89ème rang mondial, à égalité avec Saint-Vincent-et-les-Grenadines (2,7%), l'Autriche (2,8%), l'Océanie (2,8%). La croissance des dépenses publiques au Maroc (2,8%) a été supérieure à celle du monde (2,0%), et supérieure à celle de l'Afrique (1,6%).

Comparaison avec les voisins. Les dépenses publiques du Maroc étaient supérieures à celles de la Mauritanie (468,6 millions de dollars); mais inférieures à celles de l'Espagne (102,0 milliards de dollars) et de l'Algérie (8,2 milliards de dollars). Les dépenses publiques par habitant au Maroc étaient supérieures à celles de la Mauritanie (204,7 de dollars); mais inférieures à celles de l'Espagne (2 565,3 de dollars) et de l'Algérie (288,1 de dollars). La croissance des dépenses publiques au Maroc était inférieure à celle de l'Algérie (3,9%), de la Mauritanie (3,5%) et de l'Espagne (3,2%).

Comparaison avec les leaders. Les dépense de consommation publique du Maroc étaient inférieures à celles des États-Unis (1,1 billions de dollars), du Japon (651,8 milliards de dollars), de l'Allemagne (419,6 milliards de dollars), de la France (325,4 milliards de dollars) et du Royaume-Uni (234,6 milliards de dollars). Les dépense de consommation publique par habitant au Maroc étaient inférieures à celles de la France (5 479,6 de dollars), de l'Allemagne (5 203,8 de dollars), du Japon (5 169,1 de dollars), des États-Unis (4 287,3 de dollars) et du Royaume-Uni (4 053,6 de dollars). La croissance des dépenses publiques au Maroc était supérieure à celle de l'Allemagne (2,4%), du Royaume-Uni (2,1%), de la France (1,8%) et des États-Unis (1,3%); mais inférieure à celle du Japon (3,0%).

Les années 2000

Les dépenses publiques du Maroc étaient de 11,2 milliards de dollars par an dans les années 2000, au 54ème rang mondial à égalité avec les Philippines (11,0 milliards de dollars). La part dans le monde était de 0,14% et de 7,5% en Afrique.

La part des dépenses publiques dans le PIB du Maroc était de 17,7% dans les années 2000, se classant au 75ème rang mondial, à égalité avec d'Antigua-et-Barbuda (17,8%), l'Ukraine (17,7%), l'Océanie (17,8%).

Les dépenses publiques par habitant au Maroc étaient de 367.9 dollars dans les années 2000, se situant au 130ème rang mondial, à égalité avec l'Angola (371,3 de dollars). Les dépenses publiques par habitant au Maroc étaient 3,3 fois inférieures les dépenses publiques par habitant au Monde (1 200,9 US$), et 2,2 fois supérieures les dépenses publiques par habitant en Afrique (164,8 US$).

La croissance des dépenses publiques au Maroc était de 4.1% dans les années 2000, au 90ème rang mondial, à égalité avec la république du Congo (4,1%). La croissance des dépenses publiques au Maroc (4,1%) a été supérieure à celle du monde (3,1%), et inférieure à celle de l'Afrique (5,0%).

Comparaison avec les voisins. Les dépense publique du Maroc étaient supérieures à celles de la Mauritanie (516,9 millions de dollars); mais inférieures à celles de l'Espagne (194,8 milliards de dollars) et de l'Algérie (13,2 milliards de dollars). Les dépenses publiques par habitant au Maroc étaient supérieures à celles de la Mauritanie (172,7 de dollars); mais inférieures à celles de l'Espagne (4 458,6 de dollars) et de l'Algérie (398,2 de dollars). La croissance des dépenses publiques au Maroc était supérieure à celle de la Mauritanie (2,1%); mais inférieure à celle de l'Espagne (5,0%) et de l'Algérie (4,3%).

Comparaison avec les leaders. Les dépenses publiques du Maroc étaient inférieures à celles des États-Unis (1,9 billions de dollars), du Japon (844,2 milliards de dollars), de l'Allemagne (520,1 milliards de dollars), de la France (479,9 milliards de dollars) et du Royaume-Uni (453,4 milliards de dollars). Les dépense publique par habitant au Maroc étaient inférieures à celles de la France (7 640,9 de dollars), du Royaume-Uni (7 501,5 de dollars), du Japon (6 586,4 de dollars), des États-Unis (6 545,9 de dollars) et de l'Allemagne (6 389,7 de dollars). La croissance des dépenses publiques au Maroc était supérieure à celle du Royaume-Uni (2,9%), des États-Unis (2,2%), du Japon (1,7%), de la France (1,7%) et de l'Allemagne (1,4%).

Les années 2010

Les dépense de consommation publique du Maroc étaient de 20,4 milliards de dollars par an dans les années 2010, se situant au 58ème rang mondial. La part dans le monde était de 0,16% et de 6,2% en Afrique.

La part des dépenses publiques dans le PIB du Maroc était de 19,2% dans les années 2010, au 69ème rang mondial, à égalité avec les Samoa (19,2%), la Slovénie (19,3%), l'Algérie (19,3%).

Les dépense de consommation publique par habitant au Maroc étaient de 593.5 dollars dans les années 2010, se situant au 137ème rang mondial, à égalité avec le Paraguay (599,8 de dollars), le Salvador (585,6 de dollars), l'Ukraine (582,8 de dollars). Les dépense publique par habitant au Maroc étaient 3,0 fois inférieures les dépense publique par habitant au Monde (1 785,1 US$), et 2,1 fois supérieures les dépenses publiques par habitant en Afrique (281,0 US$).

La croissance des dépenses publiques au Maroc était de 5.1% dans les années 2010, au 47ème rang mondial, à égalité avec l'Asie centrale (5,1%). La croissance des dépenses publiques au Maroc (5,1%) a été supérieure à celle du monde (2,3%), et supérieure à celle de l'Afrique (3,0%).

Comparaison avec les voisins. Les dépense publique du Maroc étaient 23,8 fois supérieures à celles de la Mauritanie (856,5 millions de dollars); mais 12,9 fois inférieures à celles de l'Espagne (264,2 milliards de dollars) et 42,4% inférieures à celles de l'Algérie (35,5 milliards de dollars). Les dépenses publiques par habitant au Maroc étaient 2,8 fois supérieures à celles de la Mauritanie (214,3 de dollars); mais 9,5 fois inférieures à celles de l'Espagne (5 643,4 de dollars) et 34,0% inférieures à celles de l'Algérie (899,9 de dollars). La croissance des dépenses publiques au Maroc était supérieure à celle de la Mauritanie (3,8%), de l'Algérie (3,1%) et de l'Espagne (0,32%).

Comparaison avec les leaders. Les dépense publique du Maroc étaient 129,9 fois inférieures à celles des États-Unis (2,7 billions de dollars), 82,2 fois inférieures à celles de la Chine (1,7 billions de dollars), 51,1 fois inférieures à celles du Japon (1,0 billions de dollars), 35,3 fois inférieures à celles de l'Allemagne (721,6 milliards de dollars) et 31,2 fois inférieures à celles de la France (637,9 milliards de dollars). Les dépense publique par habitant au Maroc étaient 16,2 fois inférieures à celles de la France (9 617,6 de dollars), 14,9 fois inférieures à celles de l'Allemagne (8 815,0 de dollars), 14,0 fois inférieures à celles des États-Unis (8 304,9 de dollars), 13,7 fois inférieures à celles du Japon (8 152,8 de dollars) et 2,0 fois inférieures à celles de la Chine (1 197,3 de dollars). La croissance des dépenses publiques au Maroc était supérieure à celle de l'Allemagne (1,9%), du Japon (1,3%), de la France (1,3%) et des États-Unis (0,0052%); mais inférieure à celle de la Chine (8,3%).

Chapitre XIII. Dépenses ménagères

Dépenses de consommation des ménages

Les dépenses ménagères du Maroc sont passés de 6,4 milliards de dollars par an dans les années 1970 à 62,4 milliards de dollars par an dans les années 2010, c'est-à-dire 56,0 milliards de dollars ou de 9,8 fois. La variation a été de 31,2 milliards de dollars en raison de l'augmentation de 2,0 fois des prix, et de 18,8 milliards de dollars en raison de la croissance du taux par habitant de 2,5 fois, et de 6,0 milliards de dollars en raison de la croissance démographique. La croissance annuelle moyenne des dépenses ménagères était de 4,0%. La valeur minimale était de 3,1 milliards de dollars en 1970. La valeur maximale était de 68,7 milliards de dollars en 2019.

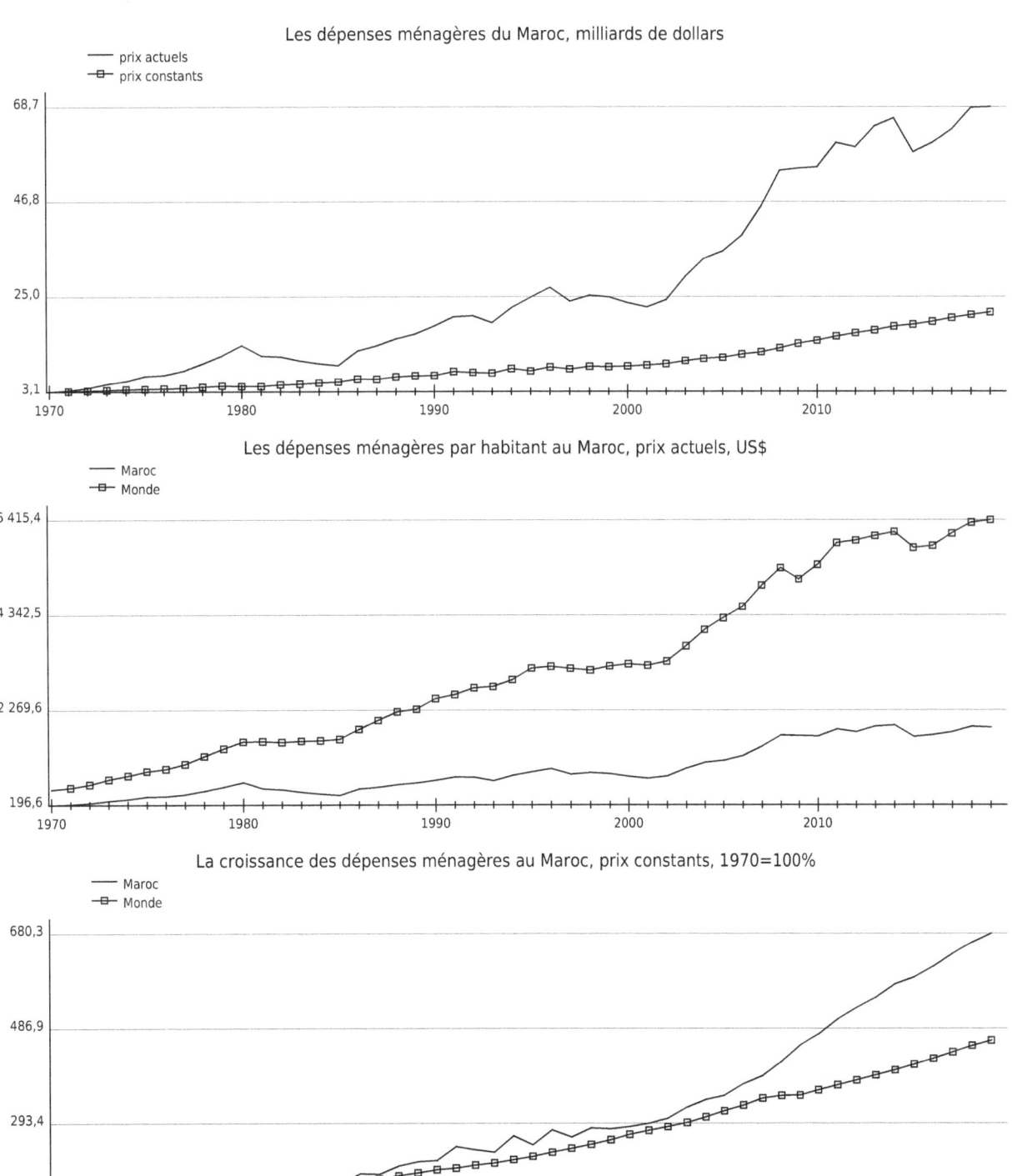

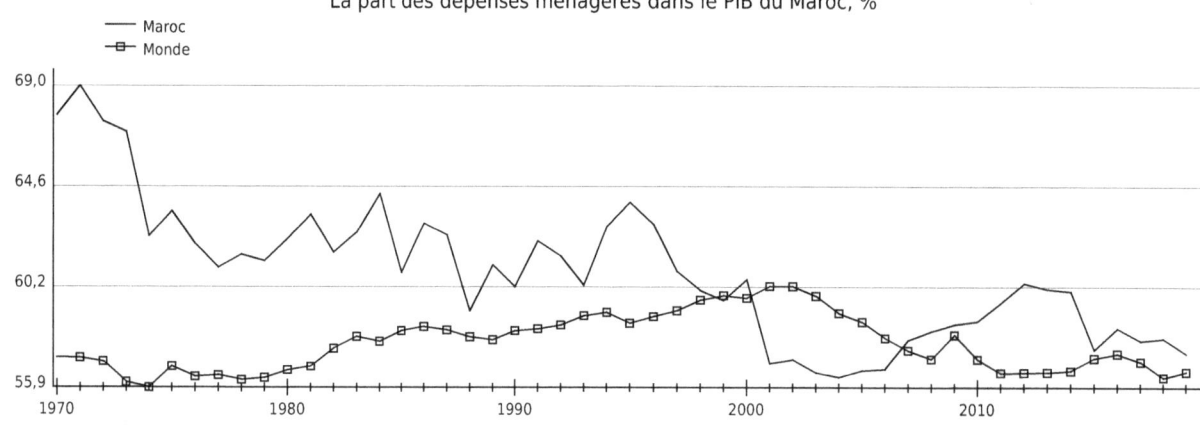

Les années 1970

Les dépenses ménagères du Maroc étaient de 6,4 milliards de dollars par an dans les années 1970, au 53ème rang mondial à égalité avec l'Irlande (6,3 milliards de dollars). La part dans le monde était de 0,17% et de 5,7% en Afrique.

La part des dépenses ménagères dans le PIB du Maroc était de 63,2% dans les années 1970, se classant au 96ème rang mondial, à égalité avec Hong Kong (62,9%), la Mauritanie (62,8%), la Namibie (62,8%).

Les dépenses ménagères par habitant au Maroc étaient de 361.1 dollars dans les années 1970, au 123ème rang mondial, à égalité avec Saint-Vincent-et-les-Grenadines (360,4 de dollars), le Sénégal (360,0 de dollars), l'Est (359,2 de dollars). Les dépenses ménagères par habitant au Maroc étaient 2,5 fois inférieures les dépenses ménagères par habitant au Monde (914,8 US$), et 33,3% supérieures les dépenses ménagères par habitant en Afrique (271,0 US$).

La croissance des dépenses ménagères au Maroc était de 4.1% dans les années 1970, se classant au 96ème rang mondial, à égalité avec l'Europe du Sud (4,1%), le Panama (4,1%), le Monde (4,1%). La croissance des dépenses ménagères au Maroc (4,1%) a été supérieure à celle du monde (4,1%), et supérieure à celle de l'Afrique (4,1%).

Comparaison avec les voisins. Les dépenses ménagères du Maroc étaient supérieures à celles de la Mauritanie (578,5 millions de dollars); mais inférieures à celles de l'Espagne (68,2 milliards de dollars) et de l'Algérie (7,7 milliards de dollars). Les dépenses ménagères par habitant au Maroc étaient inférieures à celles de l'Espagne (1 913,4 de dollars), de l'Algérie (469,7 de dollars) et de la Mauritanie (439,8 de dollars). La croissance des dépenses ménagères au Maroc était inférieure à celle de l'Algérie (8,5%), de la Mauritanie (6,4%) et de l'Espagne (4,1%).

Comparaison avec les leaders. Les dépenses ménagères du Maroc étaient inférieures à celles des États-Unis (1,0 billions de dollars), de l'URSS (310,6 milliards de dollars), du Japon (280,9 milliards de dollars), de l'Allemagne (277,8 milliards de dollars) et de la France (180,7 milliards de dollars). Les dépenses ménagères par habitant au Maroc étaient inférieures à celles des États-Unis (4 744,5 de dollars), de l'Allemagne (3 527,2 de dollars), de la France (3 371,0 de dollars), du Japon (2 523,0 de dollars) et de l'URSS (1 231,6 de dollars). La croissance des dépenses ménagères au Maroc était supérieure à celle de la France (4,0%), des États-Unis (3,6%) et de l'Allemagne (3,6%); mais inférieure à celle du Japon (5,1%) et de l'URSS (4,7%).

Les années 1980

Les dépenses ménagères du Maroc étaient de 12,3 milliards de dollars par an dans les années 1980, au 57ème rang mondial. La part dans le monde était de 0,14% et de 4,6% en Afrique.

La part des dépenses ménagères dans le PIB du Maroc était de 62,0% dans les années 1980, se classant au 105ème rang mondial, à égalité avec l'Amérique septentrionale (61,9%), la Bulgarie (61,8%), le Belize (62,2%).

Les dépenses ménagères par habitant au Maroc étaient de 555.7 dollars dans les années 1980, se classant au 126ème rang mondial, à égalité avec le Nicaragua (544,0 de dollars). Les dépenses ménagères par habitant au Maroc étaient 3,3 fois inférieures les dépenses ménagères par habitant au Monde (1 808,0 US$), et 11,6% supérieures les dépenses ménagères par habitant en Afrique (497,8 US$).

La croissance des dépenses ménagères au Maroc était de 4.1% dans les années 1980, au 47ème rang mondial, à égalité avec le Paraguay (4,1%), Cuba (4,1%), l'Arabie saoudite (4,1%). La croissance des dépenses ménagères au Maroc (4,1%) a été supérieure à celle du monde (3,0%), et supérieure à celle de l'Afrique (2,3%).

Chapitre XIII. Dépenses ménagères

Comparaison avec les voisins. Les dépenses ménagères du Maroc étaient supérieures à celles de la Mauritanie (1,5 milliards de dollars); mais inférieures à celles de l'Espagne (159,2 milliards de dollars) et de l'Algérie (27,1 milliards de dollars). Les dépenses ménagères par habitant au Maroc étaient inférieures à celles de l'Espagne (4 128,8 de dollars), de l'Algérie (1 224,8 de dollars) et de la Mauritanie (856,4 de dollars). La croissance des dépenses ménagères au Maroc était supérieure à celle de l'Algérie (3,3%), de l'Espagne (2,3%) et de la Mauritanie (1,4%).

Comparaison avec les leaders. Les dépenses ménagères du Maroc étaient inférieures à celles des États-Unis (2,6 billions de dollars), du Japon (945,6 milliards de dollars), de l'Allemagne (575,7 milliards de dollars), de l'URSS (424,6 milliards de dollars) et du Royaume-Uni (416,5 milliards de dollars). Les dépenses ménagères par habitant au Maroc étaient inférieures à celles des États-Unis (10 904,4 de dollars), du Japon (7 796,6 de dollars), de l'Allemagne (7 378,3 de dollars), du Royaume-Uni (7 376,3 de dollars) et de l'URSS (1 542,8 de dollars). La croissance des dépenses ménagères au Maroc était supérieure à celle du Japon (3,7%), du Royaume-Uni (3,5%), des États-Unis (3,2%), de l'URSS (3,0%) et de l'Allemagne (1,8%).

Les années 1990

Les dépenses ménagères du Maroc étaient de 22,6 milliards de dollars par an dans les années 1990, au 56ème rang mondial. La part dans le monde était de 0,13% et de 6,0% en Afrique.

La part des dépenses ménagères dans le PIB du Maroc était de 61,5% dans les années 1990, au 119ème rang mondial, à égalité avec Porto Rico (61,6%), Saint-Christophe-et-Niévès (61,7%), l'Afrique centrale (61,3%).

Les dépenses ménagères par habitant au Maroc étaient de 847.6 dollars dans les années 1990, se classant au 130ème rang mondial, à égalité avec l'Afrique du Nord (851,7 de dollars), les Comores (864,3 de dollars). Les dépenses ménagères par habitant au Maroc étaient 3,5 fois inférieures les dépenses ménagères par habitant au Monde (2 963,9 US$), et 59,1% supérieures les dépenses ménagères par habitant en Afrique (532,7 US$).

La croissance des dépenses ménagères au Maroc était de 2.7% dans les années 1990, au 101ème rang mondial, à égalité avec la Syrie (2,7%), le Pérou (2,8%). La croissance des dépenses ménagères au Maroc (2,7%) a été inférieure à celle du monde (3,0%), et supérieure à celle de l'Afrique (2,6%).

Comparaison avec les voisins. Les dépenses ménagères du Maroc étaient supérieures à celles de la Mauritanie (1,7 milliards de dollars); mais inférieures à celles de l'Espagne (359,2 milliards de dollars) et de l'Algérie (25,9 milliards de dollars). Les dépenses ménagères par habitant au Maroc étaient supérieures à celles de la Mauritanie (749,6 de dollars); mais inférieures à celles de l'Espagne (9 036,0 de dollars) et de l'Algérie (912,5 de dollars). La croissance des dépenses ménagères au Maroc était supérieure à celle de l'Espagne (2,4%), de la Mauritanie (2,1%) et de l'Algérie (-0,72%).

Comparaison avec les leaders. Les dépenses ménagères du Maroc étaient inférieures à celles des États-Unis (4,9 billions de dollars), du Japon (2,3 billions de dollars), de l'Allemagne (1,2 billions de dollars), du Royaume-Uni (884,5 milliards de dollars) et de la France (783,0 milliards de dollars). Les dépenses ménagères par habitant au Maroc étaient inférieures à celles des États-Unis (18 538,8 de dollars), du Japon (18 170,3 de dollars), du Royaume-Uni (15 280,6 de dollars), de l'Allemagne (15 158,9 de dollars) et de la France (13 185,2 de dollars). La croissance des dépenses ménagères au Maroc était supérieure à celle de l'Allemagne (2,1%), du Japon (1,8%) et de la France (1,8%); mais inférieure à celle des États-Unis (3,4%) et du Royaume-Uni (2,8%).

Les années 2000

Les dépenses ménagères du Maroc étaient de 36,2 milliards de dollars par an dans les années 2000, se situant au 56ème rang mondial. La part dans le monde était de 0,13% et de 5,4% en Afrique.

La part des dépenses ménagères dans le PIB du Maroc était de 57,6% dans les années 2000, au 141ème rang mondial, à égalité avec d'Aruba (57,5%), la Nouvelle-Zélande (57,7%), l'Andorre (57,9%).

Les dépenses ménagères par habitant au Maroc étaient de 1195.4 dollars dans les années 2000, se classant au 135ème rang mondial, à égalité avec la Mélanésie (1 218,5 de dollars). Les dépenses ménagères par habitant au Maroc étaient 3,5 fois inférieures les dépenses ménagères par habitant au Monde (4 208,2 US$), et 62,4% supérieures les dépenses ménagères par habitant en Afrique (735,9 US$).

La croissance des dépenses ménagères au Maroc était de 4.8% dans les années 2000, au 74ème rang mondial, à égalité avec Macao (4,8%), la Libye (4,8%), le Monténégro (4,8%). La croissance des dépenses ménagères au Maroc (4,8%) a été supérieure à celle du monde (3,0%), et inférieure à celle de l'Afrique (6,0%).

Comparaison avec les voisins. Les dépenses ménagères du Maroc étaient supérieures à celles de l'Algérie (35,0 milliards de dollars) et de la Mauritanie (2,1 milliards de dollars); mais inférieures à celles de l'Espagne (631,3 milliards de dollars). Les dépenses ménagères par habitant au Maroc étaient supérieures à celles de l'Algérie (1 059,4 de dollars) et de la Mauritanie (694,4 de dollars); mais inférieures à celles de l'Espagne (14 452,5 de dollars). La croissance des dépenses ménagères au Maroc était supérieure à celle de l'Algérie (4,8%), de la Mauritanie (4,0%) et de l'Espagne (2,5%).

Comparaison avec les leaders. Les dépenses ménagères du Maroc étaient inférieures à celles des États-Unis (8,5 billions de dollars), du Japon (2,6 billions de dollars), de l'Allemagne (1,5 billions de dollars), du Royaume-Uni (1,5 billions de dollars) et de la France (1,1 billions de dollars). Les dépenses ménagères par habitant au Maroc étaient inférieures à celles des États-Unis (28 799,1 de dollars), du Royaume-Uni (24 959,3 de dollars), du Japon (20 355,9 de dollars), de l'Allemagne (18 912,2 de dollars) et de la France (18 146,8 de dollars). La croissance des dépenses ménagères au Maroc était supérieure à celle des États-Unis (2,4%), du Royaume-Uni (2,1%), de la France (2,0%), du Japon (0,81%) et de l'Allemagne (0,46%).

Les années 2010

Les dépenses ménagères du Maroc étaient de 62,4 milliards de dollars par an dans les années 2010, se classant au 58ème rang mondial à égalité avec Porto Rico (61,9 milliards de dollars). La part dans le monde était de 0,14% et de 4,1% en Afrique.

La part des dépenses ménagères dans le PIB du Maroc était de 58,8% dans les années 2010, se classant au 136ème rang mondial, à égalité avec l'Ouzbékistan (58,9%), l'Andorre (58,5%), l'Espagne (58,5%).

Les dépenses ménagères par habitant au Maroc étaient de 1813.5 dollars dans les années 2010, au 148ème rang mondial, à égalité avec le Nigeria (1 836,5 de dollars), le Honduras (1 790,2 de dollars). Les dépenses ménagères par habitant au Maroc étaient 3,3 fois inférieures les dépenses ménagères par habitant au Monde (6 018,5 US$), et 40,3% supérieures les dépenses ménagères par habitant en Afrique (1 292,9 US$).

La croissance des dépenses ménagères au Maroc était de 4.2% dans les années 2010, se situant au 67ème rang mondial, à égalité avec les Salomon (4,1%), Monaco (4,1%), Cuba (4,1%). La croissance des dépenses ménagères au Maroc (4,2%) a été supérieure à celle du monde (2,8%), et supérieure à celle de l'Afrique (3,3%).

Comparaison avec les voisins. Les dépenses ménagères du Maroc étaient 16,3 fois supérieures à celles de la Mauritanie (3,8 milliards de dollars); mais 12,7 fois inférieures à celles de l'Espagne (789,9 milliards de dollars) et 9,8 fois inférieures à celles de l'Algérie (69,2 milliards de dollars). Les dépenses ménagères par habitant au Maroc étaient 3,3% supérieures à celles de l'Algérie (1 755,7 de dollars) et 89,9% supérieures à celles de la Mauritanie (955,1 de dollars); mais 9,3 fois inférieures à celles de l'Espagne (16 871,4 de dollars). La croissance des dépenses ménagères au Maroc était supérieure à celle de l'Algérie (4,0%), de la Mauritanie (3,5%) et de l'Espagne (0,45%).

Comparaison avec les leaders. Les dépenses ménagères du Maroc étaient 195,3 fois inférieures à celles des États-Unis (12,2 billions de dollars), 63,0 fois inférieures à celles de la Chine (3,9 billions de dollars), 47,9 fois inférieures à celles du Japon (3,0 billions de dollars), 31,4 fois inférieures à celles de l'Allemagne (2,0 billions de dollars) et 28,6 fois inférieures à celles du Royaume-Uni (1,8 billions de dollars). Les dépenses ménagères par habitant au Maroc étaient 21,0 fois inférieures à celles des États-Unis (38 161,2 de dollars), 15,0 fois inférieures à celles du Royaume-Uni (27 164,8 de dollars), 13,2 fois inférieures à celles de l'Allemagne (23 925,0 de dollars), 12,9 fois inférieures à celles du Japon (23 352,2 de dollars) et 35,3% inférieures à celles de la Chine (2 801,9 de dollars). La croissance des dépenses ménagères au Maroc était supérieure à celle des États-Unis (2,4%), du Royaume-Uni (1,8%), de l'Allemagne (1,4%) et du Japon (0,64%); mais inférieure à celle de la Chine (8,3%).

Chapitre XIV. Consommation de nourriture

Au cours de la période de recherche, la consommation alimentaire des produits suivants a augmenté: noix (de 5,0 fois), racines riches (de 4,3 fois), poisson (de 3,3 fois), viande (de 2,9 fois), légumes (de 2,8 fois), fruits (de 2,5 fois), œufs (de 2,3 fois), épices (de 2,3 fois), stimulants (de 2,1 fois), lait (de 94,7%), huiles végétales (de 43,4%), sucre (de 28,4%), céréales (de 14,9%), légumineuses (de 4,8%), mais diminué pour les produits suivants: alcool (de 38,6%).

Voici les coefficients de corrélation entre le RNB par habitant à prix constants et la consommation alimentaire: viande (0.996), épices (0.995), lait (0.988), poisson (0.984), fruits (0.975), stimulants (0.955), sucre (0.94), racines riches (0.935), noix (0.926), légumes (0.92), œufs (0.787), céréales (0.782), huiles végétales (0.653), légumineuses (-0.364), alcool (-0.821).

Les années 1970

La consommation de kcal au Maroc était de 2 524,9 kcal/jour par habitant dans les années 1970, au 57ème rang mondial à égalité avec l'Amérique centrale (2 525,0 kcal/jour par habitant), l'Albanie (2 533,5 kcal/jour par habitant), l'Amérique du Sud (2 514,6 kcal/jour par habitant). La consommation de kcal au Maroc était supérieur à celui dans le monde (2 403,2 kcal/jour par habitant), et était supérieur à celui en Afrique (2 120,4 kcal/jour par habitant). La consommation de kcal avait la structure suivante: céréales (66%), sucre (11.6%), huiles végétales (7.8%), légumineuses (2.3%), viande (2.3%), et d'autres (10%).

La consommation de protéines au Maroc était de 66,6 g/jour par habitant dans les années 1970, se classant au 60ème rang mondial à égalité avec Cuba (66,6 g/jour par habitant), la Namibie (66,1 g/jour par habitant). La consommation de protéines au Maroc était supérieur à celui dans le monde (65,0 g/jour par habitant), et était supérieur à celui en Afrique (54,9 g/jour par habitant). La consommation de protéines avait la structure suivante: céréales (73.9%), viande (6.8%), légumineuses (5.8%), lait (3.8%), poisson (2.5%), et d'autres (7.2%).

La consommation de graisse au Maroc était de 44,5 g/jour par habitant dans les années 1970, se situant au 96ème rang mondial à égalité avec le Sri Lanka (44,6 g/jour par habitant), l'Afrique de l'Ouest (44,7 g/jour par habitant). La consommation de graisse au Maroc était inférieur à celui dans le monde (55,1 g/jour par habitant), et était supérieur à celui en Afrique (43,8 g/jour par habitant). La consommation de graisse avait la structure suivante: huiles végétales (49.9%), céréales (17.1%), viande (9.6%), lait (3.6%), œufs (1.4%), et d'autres (18.4%).

Voici les niveaux de consommation alimentaire dans le classement mondial: 6ème - céréales (221,6 kg/habitant/an), 28ème - épices (0,83 kg/habitant/an), 54ème - huiles végétales (8,1 kg/habitant/an), 57ème - légumineuses (6,1 kg/habitant/an), 61ème - légumes (48,7 kg/habitant/an), 75ème - sucre (30,4 kg/habitant/an), 79ème - stimulants (1,5 kg/habitant/an), 81ème - œufs (2,8 kg/habitant/an), 106ème - lait (28,2 kg/habitant/an), 108ème - viande (12,0 kg/habitant/an), 109ème - poisson (4,9 kg/habitant/an), 110ème - fruits (34,4 kg/habitant/an), 120ème - alcool (5,3 kg/habitant/an), 131ème - racines riches (10,7 kg/habitant/an).

Les années 1980

La consommation de kcal au Maroc était de 2 859,4 kcal/jour par habitant dans les années 1980, se situant au 46ème rang mondial à égalité avec l'Afrique du Sud (2 862,2 kcal/jour par habitant), le Japon (2 855,7 kcal/jour par habitant), l'Amérique centrale (2 851,1 kcal/jour par habitant). La consommation de kcal au Maroc était supérieur à celui dans le monde (2 572,3 kcal/jour par habitant), et était supérieur à celui en Afrique (2 241,9 kcal/jour par habitant). La consommation de kcal avait la structure suivante: céréales (63%), sucre (11%), huiles végétales (9.5%), légumineuses (3%), viande (2.2%), et d'autres (11.3%).

La consommation de protéines au Maroc était de 76,9 g/jour par habitant dans les années 1980, au 53ème rang mondial à égalité avec la Nouvelle-Calédonie (76,8 g/jour par habitant), la Mauritanie (77,0 g/jour par habitant), Trinité-et-Tobago (76,7 g/jour par habitant). La consommation de protéines au Maroc était supérieur à celui dans le monde (69,1 g/jour par habitant), et était supérieur à celui en Afrique (57,5 g/jour par habitant). La consommation de protéines avait la structure suivante: céréales (69.6%), légumineuses (7.7%), viande (6.7%), lait (3.8%), poisson (3.6%), et d'autres (8.6%).

La consommation de graisse au Maroc était de 55,9 g/jour par habitant dans les années 1980, au 88ème rang mondial à égalité avec l'Iran (55,9 g/jour par habitant), le Sénégal (56,1 g/jour par habitant), la République dominicaine (56,3 g/jour par habitant). La consommation de graisse au Maroc était inférieur à celui dans le monde (63,2 g/jour par habitant), et était supérieur à celui en Afrique (46,6 g/jour par habitant). La consommation de graisse avait la structure suivante: huiles végétales (54.8%), céréales (14.5%), viande (8.2%), lait (2.9%), noix (2.1%), et d'autres (17.5%).

Voici les niveaux de consommation alimentaire dans le classement mondial: 2ème - céréales (239,2 kg/habitant/an), 27ème - légumineuses (9,2 kg/habitant/an), 29ème - épices (0,90 kg/habitant/an), 38ème - noix (1,6 kg/habitant/an), 48ème - huiles végétales (11,2 kg/habitant/an), 52ème - légumes (69,9 kg/habitant/an), 67ème - sucre (32,4 kg/habitant/an), 76ème - stimulants (1,6 kg/habitant/an), 78ème - œufs (4,1 kg/habitant/an), 98ème - poisson (7,9 kg/habitant/an), 105ème - fruits (44,8 kg/habitant/an), 107ème - lait (32,5 kg/habitant/an), 108ème - racines riches (22,3 kg/habitant/an), 112ème - viande (13,7 kg/habitant/an), 120ème - alcool (5,4 kg/habitant/an).

Les années 1990

La consommation de kcal au Maroc était de 3 031,2 kcal/jour par habitant dans les années 1990, se situant au 36ème rang mondial à égalité avec l'Est (3 031,4 kcal/jour par habitant), les Amériques (3 035,8 kcal/jour par habitant), l'Iran (3 040,4 kcal/jour par habitant). La consommation de kcal au Maroc était supérieur à celui dans le monde (2 652,6 kcal/jour par habitant), et était supérieur à celui en Afrique (2 365,6 kcal/jour par habitant). La consommation de kcal avait la structure suivante: céréales (62.2%), sucre (10.9%), huiles végétales (8.7%), viande (2.8%), fruits (2.5%), et d'autres (12.9%).

La consommation de protéines au Maroc était de 82,2 g/jour par habitant dans les années 1990, se situant au 55ème rang mondial. La consommation de protéines au Maroc était supérieur à celui dans le monde (72,1 g/jour par habitant), et était supérieur à celui en Afrique (60,1 g/jour par habitant). La consommation de protéines avait la structure suivante: céréales (68.1%), viande (8.8%), légumineuses (6%), lait (3.6%), légumes (3.2%), et d'autres (10.3%).

La consommation de graisse au Maroc était de 58,8 g/jour par habitant dans les années 1990, au 101ème rang mondial à égalité avec la République centrafricaine (58,7 g/jour par habitant). La consommation de graisse au Maroc était inférieur à celui dans le monde (69,0 g/jour par habitant), et était supérieur à celui en Afrique (48,6 g/jour par habitant). La consommation de graisse avait la structure suivante: huiles végétales (51%), céréales (14.6%), viande (9.9%), lait (2.7%), noix (2.4%), et d'autres (19.4%).

Voici les niveaux de consommation alimentaire dans le classement mondial: 1er - céréales (248,7 kg/habitant/an), 33ème - épices (1,1 kg/habitant/an), 39ème - légumes (95,1 kg/habitant/an), 40ème - légumineuses (7,6 kg/habitant/an), 46ème - noix (1,9 kg/habitant/an), 57ème - huiles végétales (11,0 kg/habitant/an), 67ème - sucre (34,0 kg/habitant/an), 68ème - œufs (6,2 kg/habitant/an), 75ème - stimulants (2,1 kg/habitant/an), 94ème - fruits (59,5 kg/habitant/an), 104ème - poisson (7,7 kg/habitant/an), 113ème - viande (19,1 kg/habitant/an), 122ème - lait (32,8 kg/habitant/an), 136ème - alcool (5,4 kg/habitant/an).

Les années 2000

La consommation de kcal au Maroc était de 3 209,2 kcal/jour par habitant dans les années 2000, se classant au 31ème rang mondial à égalité avec la Finlande (3 200,4 kcal/jour par habitant), Cuba (3 197,1 kcal/jour par habitant), les Pays-Bas (3 222,8 kcal/jour par habitant). La consommation de kcal au Maroc était supérieur à celui dans le monde (2 765,9 kcal/jour par habitant), et était supérieur à celui en Afrique (2 509,9 kcal/jour par habitant). La consommation de kcal avait la structure suivante: céréales (60.7%), sucre (11.5%), huiles végétales (8.4%), viande (3.1%), légumes (2.8%), et d'autres (13.5%).

La consommation de protéines au Maroc était de 88,5 g/jour par habitant dans les années 2000, se classant au 49ème rang mondial à égalité avec la Hongrie (88,7 g/jour par habitant), la Biélorussie (88,9 g/jour par habitant), le Turkménistan (87,8 g/jour par habitant). La consommation de protéines au Maroc était supérieur à celui dans le monde (76,5 g/jour par habitant), et était supérieur à celui en Afrique (65,1 g/jour par habitant). La consommation de protéines avait la structure suivante: céréales (65%), viande (10.1%), légumineuses (4.9%), lait (4.1%), légumes (4%), et d'autres (11.9%).

La consommation de graisse au Maroc était de 61,9 g/jour par habitant dans les années 2000, se classant au 109ème rang mondial à égalité avec les Caraïbes (62,3 g/jour par habitant). La consommation de graisse au Maroc était inférieur à celui dans le monde (76,9 g/jour par habitant), et était supérieur à celui en Afrique (52,8 g/jour par habitant). La consommation de graisse avait la structure suivante: huiles végétales (49%), céréales (15.1%), viande (11.1%), noix (3.3%), lait (3.2%), et d'autres (18.3%).

Voici les niveaux de consommation alimentaire dans le classement mondial: 1er - céréales (256,1 kg/habitant/an), 31ème - légumes (128,7 kg/habitant/an), 33ème - épices (1,5 kg/habitant/an), 42ème - noix (2,8 kg/habitant/an), 57ème - sucre (38,0 kg/habitant/an), 61ème - légumineuses (6,6 kg/habitant/an), 77ème - œufs (6,4 kg/habitant/an), 78ème - huiles végétales (11,1 kg/habitant/an), 89ème - stimulants (2,8 kg/habitant/an), 95ème - poisson (10,8 kg/habitant/an), 98ème - fruits (66,1 kg/habitant/an), 110ème - racines riches (37,9 kg/habitant/an), 117ème - viande (24,2 kg/habitant/an), 122ème - lait (40,1 kg/habitant/an), 149ème - alcool (3,6 kg/habitant/an).

Les années 2010

Chapitre XIV. Consommation de nourriture

La consommation de kcal au Maroc était de 3 353,0 kcal/jour par habitant dans les années 2010, se situant au 26ème rang mondial à égalité avec la Tunisie (3 356,3 kcal/jour par habitant), le Danemark (3 361,0 kcal/jour par habitant), l'Europe (3 363,0 kcal/jour par habitant). La consommation de kcal au Maroc était supérieur à celui dans le monde (2 869,3 kcal/jour par habitant), et était supérieur à celui en Afrique (2 612,5 kcal/jour par habitant). La consommation de kcal avait la structure suivante: céréales (57.8%), sucre (11.3%), huiles végétales (8.4%), viande (4.1%), fruits (3.6%), et d'autres (14.8%).

La consommation de protéines au Maroc était de 96,4 g/jour par habitant dans les années 2010, se situant au 42ème rang mondial à égalité avec la Biélorussie (96,3 g/jour par habitant), la Chine (96,5 g/jour par habitant), le Kazakhstan (96,7 g/jour par habitant). La consommation de protéines au Maroc était supérieur à celui dans le monde (80,6 g/jour par habitant), et était supérieur à celui en Afrique (69,0 g/jour par habitant). La consommation de protéines avait la structure suivante: céréales (59.3%), viande (13%), poisson (5.4%), lait (5.1%), légumineuses (4.3%), et d'autres (12.9%).

La consommation de graisse au Maroc était de 67,9 g/jour par habitant dans les années 2010, se classant au 112ème rang mondial à égalité avec la Géorgie (68,6 g/jour par habitant). La consommation de graisse au Maroc était inférieur à celui dans le monde (82,4 g/jour par habitant), et était supérieur à celui en Afrique (54,7 g/jour par habitant). La consommation de graisse avait la structure suivante: huiles végétales (46.8%), céréales (13.7%), viande (13.5%), lait (4.4%), noix (3.4%), et d'autres (18.2%).

Voici les niveaux de consommation alimentaire dans le classement mondial: 1er - céréales (254,6 kg/habitant/an), 30ème - légumes (136,4 kg/habitant/an), 37ème - épices (1,9 kg/habitant/an), 45ème - noix (3,2 kg/habitant/an), 59ème - sucre (39,0 kg/habitant/an), 66ème - légumineuses (6,4 kg/habitant/an), 72ème - fruits (85,6 kg/habitant/an), 78ème - huiles végétales (11,6 kg/habitant/an), 79ème - poisson (16,1 kg/habitant/an), 86ème - œufs (6,5 kg/habitant/an), 90ème - stimulants (3,1 kg/habitant/an), 105ème - viande (34,1 kg/habitant/an), 114ème - lait (55,0 kg/habitant/an), 150ème - alcool (3,8 kg/habitant/an).

Partie V. Reproduction

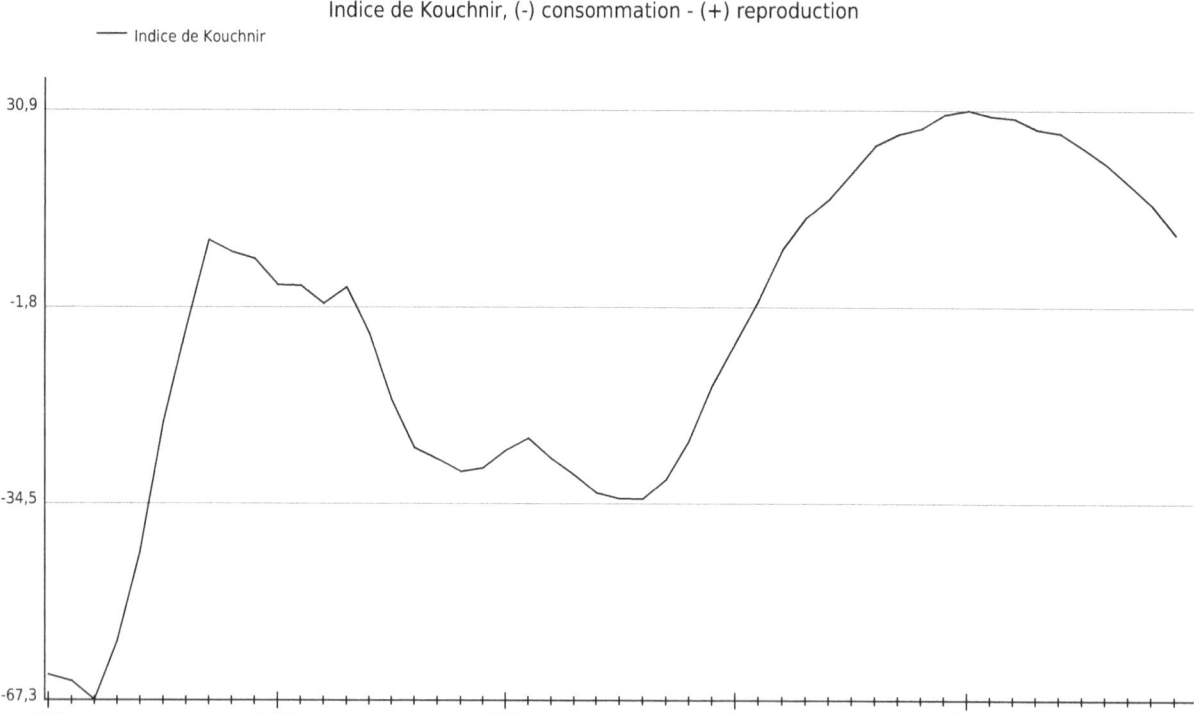

Chapitre XV. Formation de capital fixe

Formation brute de capital fixe

La formation de capital du Maroc est passé de 2,5 milliards de dollars par an dans les années 1970 à 31,6 milliards de dollars par an dans les années 2010, c'est-à-dire 29,1 milliards de dollars ou de 12,6 fois. La variation a été de 16,8 milliards de dollars en raison de l'augmentation de 2,1 fois des prix, et de 9,9 milliards de dollars en raison de la croissance du taux par habitant de 3,0 fois, et de 2,4 milliards de dollars en raison de la croissance démographique. La croissance annuelle moyenne de la formation de capital était de 5,0%. La valeur minimale était de 758,3 millions de dollars en 1970. La valeur maximale était de 33,5 milliards de dollars en 2018.

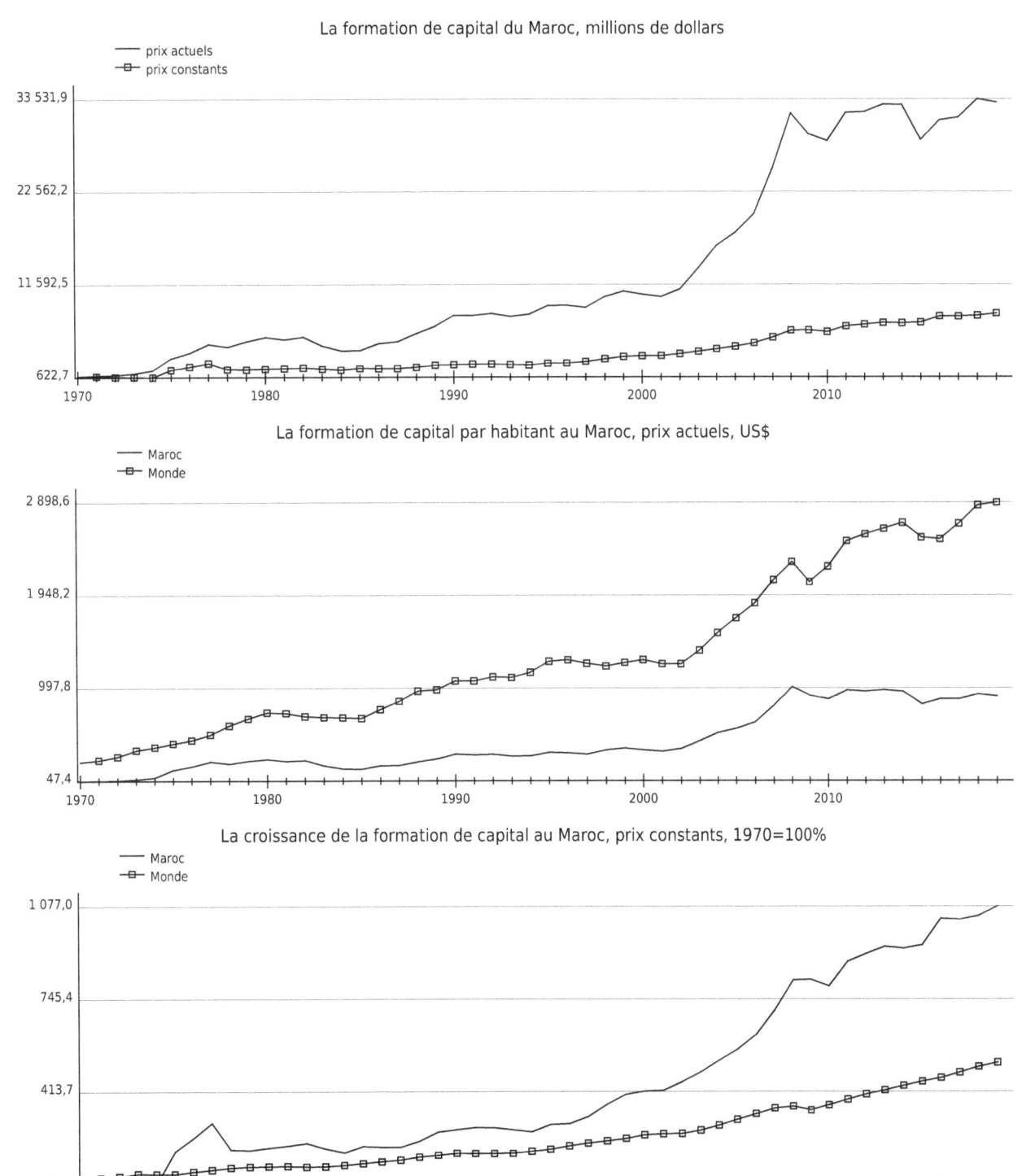

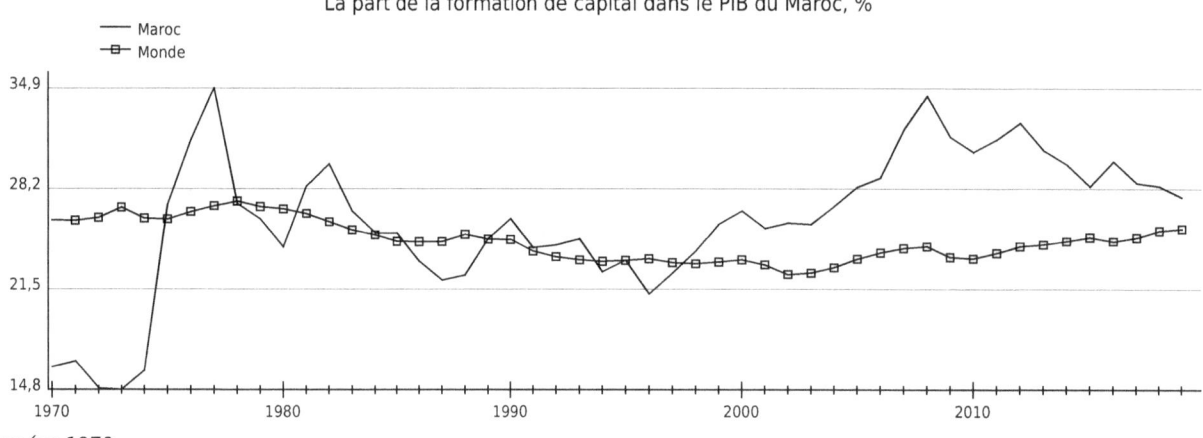

La part de la formation de capital dans le PIB du Maroc, %

Les années 1970

La formation de capital du Maroc était de 2,5 milliards de dollars par an dans les années 1970, se situant au 50ème rang mondial. La part dans le monde était de 0,14% et de 2,1% en Afrique.

La part de la formation de capital dans le PIB du Maroc était de 24,8% dans les années 1970, se situant au 79ème rang mondial, à égalité avec la Nouvelle-Zélande (24,8%), la France (24,9%), Monaco (24,9%).

La formation de capital fixe par habitant au Maroc était de 141.9 dollars dans les années 1970, se situant au 112ème rang mondial. La formation de capital par habitant au Maroc était 3,1 fois inférieure la formation de capital par habitant au Monde (433,5 US$), et 2,0 fois inférieure la formation de capital par habitant en Afrique (289,8 US$).

La croissance de la formation de capital au Maroc était de 8.3% dans les années 1970, au 59ème rang mondial, à égalité avec le Niger (8,2%), l'Iran (8,2%), l'Amérique du Sud (8,3%). La croissance de la formation brute de capital fixe au Maroc (8,3%) a été supérieure à celle du monde (4,2%), et supérieure à celle de l'Afrique (7,1%).

Comparaison avec les voisins. La formation de capital du Maroc était supérieure à celle de la Mauritanie (517,0 millions de dollars); mais inférieure à celle de l'Espagne (26,7 milliards de dollars) et de l'Algérie (6,1 milliards de dollars). La formation de capital par habitant au Maroc était inférieure à celle de l'Espagne (748,7 de dollars), de la Mauritanie (393,1 de dollars) et de l'Algérie (371,3 de dollars). La croissance de la formation de capital au Maroc était supérieure à celle de la Mauritanie (2,0%) et de l'Espagne (1,7%); mais inférieure à celle de l'Algérie (10,4%).

Comparaison avec les leaders. La formation de capital fixe du Maroc était inférieure à celle des États-Unis (381,9 milliards de dollars), de l'URSS (214,6 milliards de dollars), du Japon (191,6 milliards de dollars), de l'Allemagne (125,8 milliards de dollars) et de la France (82,9 milliards de dollars). La formation de capital fixe par habitant au Maroc était inférieure à celle des États-Unis (1 750,0 de dollars), du Japon (1 720,7 de dollars), de l'Allemagne (1 597,2 de dollars), de la France (1 545,4 de dollars) et de l'URSS (850,9 de dollars). La croissance de la formation de capital au Maroc était supérieure à celle des États-Unis (4,4%), du Japon (3,9%), de l'URSS (3,2%), de la France (2,7%) et de l'Allemagne (1,5%).

Les années 1980

La formation de capital du Maroc était de 5,0 milliards de dollars par an dans les années 1980, au 55ème rang mondial à égalité avec le Chili (5,1 milliards de dollars). La part dans le monde était de 0,13% et de 2,5% en Afrique.

La part de la formation de capital dans le PIB du Maroc était de 25,0% dans les années 1980, se situant au 60ème rang mondial, à égalité avec la Grèce (25,0%), l'Afrique centrale (25,0%), les Seychelles (25,1%).

La formation de capital par habitant au Maroc était de 224.4 dollars dans les années 1980, au 125ème rang mondial, à égalité avec Djibouti (225,1 de dollars), le Vanuatu (225,3 de dollars), les Tonga (226,1 de dollars). La formation de capital par habitant au Maroc était 3,5 fois inférieure la formation de capital fixe par habitant au Monde (790,9 US$), et 38,0% inférieure la formation de capital par habitant en Afrique (362,0 US$).

La croissance de la formation de capital au Maroc était de 2.8% dans les années 1980, se classant au 90ème rang mondial. La croissance de la formation de capital au Maroc (2,8%) a été supérieure à celle du monde (2,5%), et supérieure à celle de l'Afrique (-3,3%).

Chapitre XV. Formation de capital fixe

Comparaison avec les voisins. La formation de capital fixe du Maroc était supérieure à celle de la Mauritanie (773,8 millions de dollars); mais inférieure à celle de l'Espagne (57,2 milliards de dollars) et de l'Algérie (16,9 milliards de dollars). La formation de capital fixe par habitant au Maroc était inférieure à celle de l'Espagne (1 483,8 de dollars), de l'Algérie (762,5 de dollars) et de la Mauritanie (440,4 de dollars). La croissance de la formation brute de capital fixe au Maroc était supérieure à celle de l'Algérie (-0,84%) et de la Mauritanie (-1,9%); mais inférieure à celle de l'Espagne (4,7%).

Comparaison avec les leaders. La formation de capital du Maroc était inférieure à celle des États-Unis (958,4 milliards de dollars), du Japon (571,7 milliards de dollars), de l'URSS (271,0 milliards de dollars), de l'Allemagne (238,1 milliards de dollars) et de la France (164,3 milliards de dollars). La formation de capital par habitant au Maroc était inférieure à celle du Japon (4 713,7 de dollars), des États-Unis (4 002,1 de dollars), de l'Allemagne (3 052,1 de dollars), de la France (2 907,7 de dollars) et de l'URSS (984,8 de dollars). La croissance de la formation brute de capital fixe au Maroc était supérieure à celle de la France (2,4%), de l'URSS (1,7%) et de l'Allemagne (1,4%); mais inférieure à celle du Japon (4,8%) et des États-Unis (3,1%).

Les années 1990

La formation de capital fixe du Maroc était de 8,8 milliards de dollars par an dans les années 1990, au 53ème rang mondial. La part dans le monde était de 0,13% et de 7,2% en Afrique.

La part de la formation de capital dans le PIB du Maroc était de 23,9% dans les années 1990, se classant au 75ème rang mondial, à égalité avec l'Allemagne (23,9%), l'Indonésie (23,8%), l'Océanie (23,9%).

La formation de capital par habitant au Maroc était de 329.1 dollars dans les années 1990, se situant au 123ème rang mondial, à égalité avec le Vanuatu (329,3 de dollars), le Monténégro (329,5 de dollars), l'Eswatini (328,3 de dollars). La formation de capital fixe par habitant au Maroc était 3,6 fois inférieure la formation de capital par habitant au Monde (1 183,8 US$), et 90,0% supérieure la formation de capital par habitant en Afrique (173,2 US$).

La croissance de la formation de capital au Maroc était de 4.1% dans les années 1990, au 89ème rang mondial, à égalité avec le Liechtenstein (4,1%), l'Est (4,1%). La croissance de la formation brute de capital fixe au Maroc (4,1%) a été supérieure à celle du monde (2,8%), et supérieure à celle de l'Afrique (3,2%).

Comparaison avec les voisins. La formation de capital fixe du Maroc était supérieure à celle de la Mauritanie (626,0 millions de dollars); mais inférieure à celle de l'Espagne (135,6 milliards de dollars) et de l'Algérie (12,4 milliards de dollars). La formation de capital par habitant au Maroc était supérieure à celle de la Mauritanie (273,4 de dollars); mais inférieure à celle de l'Espagne (3 411,9 de dollars) et de l'Algérie (437,6 de dollars). La croissance de la formation de capital au Maroc était supérieure à celle de l'Espagne (3,2%), de la Mauritanie (2,9%) et de l'Algérie (-0,52%).

Comparaison avec les leaders. La formation de capital fixe du Maroc était inférieure à celle des États-Unis (1,6 billions de dollars), du Japon (1,3 billions de dollars), de l'Allemagne (520,7 milliards de dollars), de la France (299,3 milliards de dollars) et du Royaume-Uni (250,0 milliards de dollars). La formation de capital fixe par habitant au Maroc était inférieure à celle du Japon (10 425,9 de dollars), de l'Allemagne (6 456,6 de dollars), des États-Unis (6 067,2 de dollars), de la France (5 039,5 de dollars) et du Royaume-Uni (4 319,1 de dollars). La croissance de la formation brute de capital fixe au Maroc était supérieure à celle de l'Allemagne (2,4%), du Royaume-Uni (1,7%), de la France (1,5%) et du Japon (0,18%); mais inférieure à celle des États-Unis (4,8%).

Les années 2000

La formation de capital du Maroc était de 18,6 milliards de dollars par an dans les années 2000, au 54ème rang mondial à égalité avec le Qatar (19,0 milliards de dollars). La part dans le monde était de 0,17% et de 7,3% en Afrique.

La part de la formation de capital dans le PIB du Maroc était de 29,5% dans les années 2000, se situant au 34ème rang mondial, à égalité avec la Biélorussie (29,6%), d'Aruba (29,7%), l'Est (29,7%).

La formation de capital par habitant au Maroc était de 612.3 dollars dans les années 2000, au 125ème rang mondial, à égalité avec l'Équateur (615,2 de dollars), le Bhoutan (622,0 de dollars). La formation de capital par habitant au Maroc était 2,8 fois inférieure la formation de capital par habitant au Monde (1 690,7 US$), et 2,2 fois supérieure la formation de capital par habitant en Afrique (280,9 US$).

La croissance de la formation de capital au Maroc était de 7.3% dans les années 2000, se situant au 76ème rang mondial, à égalité avec l'Afrique australe (7,2%), le Chili (7,3%). La croissance de la formation brute de capital fixe au Maroc (7,3%) a été supérieure à celle du monde (3,5%), et supérieure à celle de l'Afrique (5,6%).

Comparaison avec les voisins. La formation de capital fixe du Maroc était supérieure à celle de la Mauritanie (1,2 milliards de dollars); mais inférieure à celle de l'Espagne (299,2 milliards de dollars) et de l'Algérie (26,3 milliards de dollars). La formation de capital par habitant au Maroc était supérieure à celle de la Mauritanie (402,7 de dollars); mais inférieure à celle de l'Espagne (6 849,4 de dollars) et de l'Algérie (795,6 de dollars). La croissance de la formation brute de capital fixe au Maroc était supérieure à celle de l'Espagne (2,1%); mais inférieure à celle de la Mauritanie (8,7%) et de l'Algérie (7,8%).

Comparaison avec les leaders. La formation de capital fixe du Maroc était inférieure à celle des États-Unis (2,8 billions de dollars), du Japon (1,2 billions de dollars), de la Chine (1,0 billions de dollars), de l'Allemagne (557,7 milliards de dollars) et de la France (463,9 milliards de dollars). La formation de capital par habitant au Maroc était inférieure à celle des États-Unis (9 376,4 de dollars), du Japon (8 981,8 de dollars), de la France (7 386,7 de dollars), de l'Allemagne (6 851,1 de dollars) et de la Chine (782,2 de dollars). La croissance de la formation de capital au Maroc était supérieure à celle de la France (1,6%), des États-Unis (0,43%), de l'Allemagne (-0,56%) et du Japon (-2,0%); mais inférieure à celle de la Chine (13,4%).

Les années 2010

La formation de capital fixe du Maroc était de 31,6 milliards de dollars par an dans les années 2010, se classant au 56ème rang mondial à égalité avec la Hongrie (30,9 milliards de dollars). La part dans le monde était de 0,16% et de 6,1% en Afrique.

La part de la formation brute de capital fixe dans le PIB du Maroc était de 29,8% dans les années 2010, se situant au 33ème rang mondial, à égalité avec le Laos (29,7%), la Corée du Sud (29,9%), le Niger (29,6%).

La formation de capital par habitant au Maroc était de 918.4 dollars dans les années 2010, se classant au 133ème rang mondial, à égalité avec la Jordanie (926,4 de dollars), la Géorgie (905,0 de dollars), Micronésie (932,9 de dollars). La formation de capital fixe par habitant au Maroc était 2,9 fois inférieure la formation de capital fixe par habitant au Monde (2 621,1 US$), et 2,1 fois supérieure la formation de capital par habitant en Afrique (440,4 US$).

La croissance de la formation de capital au Maroc était de 2.8% dans les années 2010, se classant au 108ème rang mondial, à égalité avec l'Allemagne (2,8%), le Danemark (2,8%), l'Afrique de l'Ouest (2,9%). La croissance de la formation brute de capital fixe au Maroc (2,8%) a été inférieure à celle du monde (4,1%), et inférieure à celle de l'Afrique (3,1%).

Comparaison avec les voisins. La formation de capital du Maroc était 14,8 fois supérieure à celle de la Mauritanie (2,1 milliards de dollars); mais 8,1 fois inférieure à celle de l'Espagne (256,5 milliards de dollars) et 2,2 fois inférieure à celle de l'Algérie (68,3 milliards de dollars). La formation de capital par habitant au Maroc était 71,6% supérieure à celle de la Mauritanie (535,3 de dollars); mais 6,0 fois inférieure à celle de l'Espagne (5 479,1 de dollars) et 47,0% inférieure à celle de l'Algérie (1 733,4 de dollars). La croissance de la formation de capital au Maroc était supérieure à celle de la Mauritanie (2,2%) et de l'Espagne (0,13%); mais inférieure à celle de l'Algérie (4,9%).

Comparaison avec les leaders. La formation de capital fixe du Maroc était 143,1 fois inférieure à celle de la Chine (4,5 billions de dollars), 113,9 fois inférieure à celle des États-Unis (3,6 billions de dollars), 38,3 fois inférieure à celle du Japon (1,2 billions de dollars), 23,8 fois inférieure à celle de l'Allemagne (752,5 milliards de dollars) et 22,0 fois inférieure à celle de l'Inde (696,8 milliards de dollars). La formation de capital fixe par habitant au Maroc était 71,6% supérieure à celle de l'Inde (535,2 de dollars); mais 12,3 fois inférieure à celle des États-Unis (11 264,9 de dollars), 10,3 fois inférieure à celle du Japon (9 460,2 de dollars), 10,0 fois inférieure à celle de l'Allemagne (9 192,9 de dollars) et 3,5 fois inférieure à celle de la Chine (3 224,9 de dollars). La croissance de la formation de capital au Maroc était supérieure à celle de l'Allemagne (2,8%) et du Japon (1,8%); mais inférieure à celle de la Chine (8,0%), de l'Inde (5,8%) et des États-Unis (3,8%).

www.ingramcontent.com/pod-product-compliance
Lightning Source LLC
Chambersburg PA
CBHW080521220526
45465CB00006B/2561